# Springer-Lehrbuch

**Springer**
*Berlin*
*Heidelberg*
*New York*
*Barcelona*
*Budapest*
*Hongkong*
*London*
*Mailand*
*Paris*
*Santa Clara*
*Singapur*
*Tokio*

Thomas Bauer
Klaus F. Zimmermann

# Arbeitsbuch Makroökonomie

Mit 70 Abbildungen
und 2 Tabellen

 Springer

Dr. Thomas Bauer
Prof. Dr. Klaus F. Zimmermann

Universität München
SELAPO
Ludwigstraße 28/RG
D-80539 München

ISBN 3-540-63570-X Springer-Verlag Berlin Heidelberg New York

Die Deutsche Bibliothek – CIP-Einheitsaufnahme
Bauer, Thomas: Arbeitsbuch Makroökonomie / Thomas Bauer; Klaus F. Zimmermann. – Berlin; Heidelberg; New York; Barcelona; Budapest; Hongkong; London; Mailand; Paris; Santa Clara; Singapur; Tokio: Springer, 1997
(Springer-Lehrbuch)
ISBN 3-540-63570-X

SPIN 10517172      42/2202-5 4 3 2 1 0 – Gedruckt auf säurefreiem Papier

# Vorwort

Kenntnisse der Grundfragen der Makroökonomie gehören zum Allgemeinwissen des kritischen Staatsbürgers oder gar des regelmäßigen Lesers des Wirtschaftsteils einer Zeitung. Doch selbst für den Wirtschaftsstudenten sind die wesentlichen Aussagen der Makroökonomie in den letzten Jahren immer undurchschaubarer geworden. Dies hängt damit zusammen, daß im Gegensatz zur mikroökonomischen Sichtweise, in der der neoklassische Ansatz dominiert, nicht ein einzelner Denkansatz die makroökonomischen Analysen bestimmt. Vielmehr gibt es mehrere alternative theoretische Konzepte, die für die Wirtschaftspolitik ganz unterschiedliche Konsequenzen haben. Infolgedessen kann die Makroökonomie keine ganzen Wahrheiten verkünden, sondern es müssen die empirischen Anwendungsbedingungen sichtbar gemacht werden, unter denen bestimmte Denkansätze und ihre wirtschaftspolitischen Schlußfolgerungen gültig sind. An ein Arbeitsbuch stellt dies besondere Ansprüche.

Das vorliegende Buch ist aus der Vorlesung "Makroökonomie" und den begleitenden Übungen im Grundstudium entstanden, die von den Verfassern (vom letztgenannten seit 1989) jedes Semester an der Ludwig-Maximilians-Universität gehalten wurden. Das Konzept hebt sich von der häufigen Praxis deutscher Grundstudiumsveranstaltung ab, den Stoff in "Multiple Choice"-Form, d.h. in eng formulierten Quizfragen, zu präsentieren und abzufragen. Vielmehr soll eingeübt werden, den Stoff sowohl in seinen Kernaussagen eigenständig wiederzugeben als auch das erlernte Grundwissen auf komplexe neue Anwendungsprobleme zu übertragen. Die wesentlichen Probleme der Praxis der deutschen Wirtschaftspolitik mit ihren institutionellen Gegebenheiten sollen in diesem Kontext zugänglich gemacht werden.

Das Arbeitsbuch vermittelt zunächst die für die makroökonomische Analyse notwendigen Hilfsmittel aus der Mathematik, der Ökonometrie und der Wirtschaftsstatistik, bevor die makroökonomischen Grundfragen und die deutschen wirtschaftspolitischen Institutionen dargestellt werden. Dann wird die mikroökonomische Basis der makroökonomischen Marktanalyse präsentiert. Schließlich werden die Grundzüge der makroökonomischen Modellbildung in ihren verschiedenen Varianten vorgestellt. Im letzten Abschnitt wird das Modellinstrumentarium auf wirtschaftspolitische Fragestellungen angewendet. Alle bis zum Examen wichtigen großen Themen der Makroökonomie werden angesprochen. Da sich das Buch an die Studenten der Wirtschaftswissenschaften im Grundstudium richtet, bleibt die Darstellung einfach und elementar.

Das Manuskript stützt sich eng auf das bewährte Münchener Lehrprogramm. Die Übungsaufgaben entstanden überwiegend aus im Münchener Vordiplom gestellten Fragen. Alle Aufgaben werden sorgfältig und ausführlich gelöst. So entstand ein Arbeitsmaterial, das es dem Leser ermöglicht, unabhängig von einem bestimmtem Lehrbuch die wesentlichen Grundzüge der Makroökonomie in komprimierter Form einzuüben. Da nur ganz elementare Grundkenntnisse der Volkswirtschaftslehre vorausgesetzt werden, eignet sich das Buch auch dafür, sich außerhalb der Grundausbildung der Universitäten mit den Grundaussagen der Makroökonomie vertraut zu machen.

Die Vorarbeiten wurden durch die kontinuierliche Kommunikation mit vielen Generationen von Studenten und den die Übungen leitenden Assistenten unterstützt. Von besonderer Hilfe waren die Anregungen und kritischen Hinweise von Ariane Breitfelder, Markus Brieger, Peter Geil, Dieter Grimm, Isabelle Kronawitter, Jochen Mayer, Clemens Muth, Heinz-Georg Palm, Regina Riphahn, Anja Thalmaier, Florian Wöhlbier und Ulrich Woitek. Herr Brieger hatte darüber hinaus die Aufgabe, das Manuskript in unermüdlicher Kleinarbeit technisch zu erstellen. Ihm besonders, aber auch allen anderen, die zum Abschluß dieses Projektes beigetragen haben, gilt unser herzlichster Dank.

München im Juli 1997

Thomas Bauer
Klaus F. Zimmermann

# Inhaltsverzeichnis

# Definition der Variablen und Abkürzungen

| | |
|---|---|
| A | Anlagebetrag |
| AS | gesamtwirtschaftliche Angebotskurve (erfaßt Arbeitsmarkt und Produktionsfunktion) |
| a | autonomer Konsum |
| b | marginale Konsumneigung |
| AQ | Arbeitslosenquote |
| $\overline{AQ}$ | "natürliche" Arbeitslosenquote |
| B | Kurswert von Bonds |
| BIP | Bruttoinlandsprodukt |
| BSP | Bruttosozialprodukt |
| C | Konsum |
| c | reale Kapitalkosten |
| D | Determinante |
| EX | Export |
| G | Staatsausgaben |
| g | technischer Fortschritt |
| GE | Gewinn |
| I | Investitionen |
| i | Pro-Kopf-Investitionen |
| IM | Import |
| K | Kapital |
| k | Kapitalintensität (Kapitalausstattung pro Kopf K/N) |
| KAP | Auslastungsgrad des Produktionspotentials (Kapazitätsauslastung) |
| L | reale Geldnachfrage |
| $L_s$ | Spekulationskassennachfrage |
| M | Geldmenge |
| N | Arbeit/Beschäftigungsmenge |
| $n_i$ | von Haushalt i angebotene Arbeitszeit |
| n | Wachstumsrate der Bevölkerung |
| NIP | Nettoinlandsprodukt |
| NS | gesamtwirtschaftliche Nachfragekurve (erfaßt Geld- und Gütermarkt) |
| NSP | Nettosozialprodukt |
| P | Preisniveau |
| $\hat{P}$ | Inflationsrate |
| $p_i$ | Preis für Gut i |

| | |
|---|---|
| $P^L$ | Laspeyres-Index |
| $P^P$ | Paasche-Index |
| $q_i$ | Menge des Gutes i |
| R | Zinssatz |
| $R_K$ | nominale Kapitalnutzungskosten |
| $R_{krit}$ | kritischer Zinssatz |
| $R^2$ | Bestimmtheitsmaß |
| s | Sparquote |
| T | autonome Steuern |
| t | Einkommensteuersatz |
| $u_t$ | Residuum in Periode t |
| V | Zahl der "Geldumläufe" (Quantitätsgleichung) |
| VAR | Varianz |
| w | Nominallohnsatz |
| $w^n$ | nachgefragter Lohnsatz |
| Y | Output, Einkommen |
| y | Pro-Kopf-Produktion |
| $Y^P$ | Produktionspotential |
| $Y^d$ | geplante aggregierte Güternachfrage |
| $Y^s$ | Güterangebot |
| $Y^v$ | verfügbares Einkommen |
| Z | Gesamtzeit, die für Freizeit und Arbeit zur Verfügung steht |
| $\alpha$ | Grad der Preis-/Geldillusion |
| $\beta$ | Produktionselastizität in der Cobb-Douglas-Produktionsfunktion |
| $\gamma$ | Parameter für die Einschätzung der Preisentwicklung |
| $\delta$ | Abschreibungsrate |
| $\lambda$ | Anpassungskoeffizient im Fehler-Korrektur-Modell |
| $\mu$ | Parameter der Arbeitsangebotsfunktion |
| $\Pi$ | Inflationsprämie |
| $\rho$ | Arbeitsproduktivität |
| $\sigma$ | Standardabweichung |
| $\tau$ | Steuersatz der Nominalzinsbesteuerung |

# Indizes

$\overline{X}$      konstante Größen

$\hat{X}$      Wachstumsrate einer Größe

$\tilde{X}$      geschätzte Größen

$X^e$      erwartete Größen

$X^*$      Größen, die ein Gleichgewicht beschreiben

# Kapitel 1: Einführung

## 1.1 Übungsaufgaben

**Aufgabe 1:**

a) Gegeben seien die Funktionen

$$Y_1 = f(u, v) = (u + 4)(3u + 2v) \text{ und}$$
$$Y_2 = f(u, v) = (3u - 2v) / (u^2 + 3v).$$

Bilden Sie jeweils die partiellen Ableitungen $\partial Y / \partial u$ und $\partial Y / \partial v$.

b) Bilden Sie die partiellen Ableitungen $\partial Y / \partial K$ und $\partial Y / \partial N$ der Funktion

$$Y = Y(K, N) = 96 \, K^{0,3} \, N^{0,7}.$$

c) Gegeben seien folgende Funktionen:

$$Z = 3x^2 \quad \text{und} \quad V = \sqrt{x}$$

Bilden Sie die partiellen Ableitungen folgender Funktionen:

$$Y_1 = Z + V,$$
$$Y_2 = Z \cdot V \quad \text{und}$$
$$Y_3 = Z / V$$

d) Berechnen Sie die Ableitung der Funktion $Y = \ln x^2$.

**Aufgabe 2:**

a) Was versteht man unter einem totalen Differential? Erläutern Sie diesen Begriff anhand der Funktion $Y = F(K, Z)$.

b) Bilden Sie das totale Differential der Nutzenfunktion

$$U = 2x_1 + 9x_1x_2 + x_2{}^2$$

mit $x_1$, $x_2$ als Güter.

c) Bilden Sie das totale Differential der Funktion

$$Y = x_1 x_2 - \frac{x_1}{x_2}.$$

**Aufgabe 3:**

a) Manager H des bekannten Fußballvereins Rot-Weiß möchte das Stadion von 50.000 auf 51.000 Sitzplätze erweitern und gleichzeitig den Preis der Eintrittskarten von 10 DM auf 11 DM erhöhen. Berechnen Sie die Wachstumsrate der Einnahmen des Vereins unter der Annahme, daß das Stadion immer ausverkauft ist.

b) Die Kosten c pro Besucher für das Reinigen des Stadions seien durch folgen-

de Funktion gegeben:   $c = w \dfrac{N}{X}$ ,

wobei N die Anzahl der Reinigungskräfte, w deren Lohn und X die Anzahl
der Besucher beschreibt. Der Lohn w sei 400 DM und N = 40. Berechnen
Sie die Wachstumsrate der Reinigungskosten pro Besucher, wenn der Verein
nach Stadionerweiterung eine zusätzliche Reinigungskraft einstellt.

## Aufgabe 4:
a) Erläutern Sie die Cramer'sche Regel zur Lösung eines linearen Gleichungs-
systems.
b) Lösen Sie das folgende Gleichungssystem:
$$5 x_1 + 3 x_2 = 30$$
$$6 x_1 - 2 x_2 = 8$$
c) Gegeben sei folgendes Gleichungssystem:
$$10 x_1 + 2 x_2 = z_1$$
$$5 x_1 + 5 x_2 = 2 z_1 + 5 z_2$$
Berechnen Sie, um wieviele Einheiten sich $z_1$ und $z_2$ verändern müssen,
damit $x_1$ bzw. $x_2$ um 100 Einheiten steigt.

## Aufgabe 5:
Sie haben sich durch dieses Übungsbuch Geld gespart, das sie sonst für den
Besuch eines Repetitoriums ausgegeben hätten. Sie legen dieses Geld in ein
Wertpapier mit einer festen Verzinsung von 5% an und erhalten nach 3 Jahren
DM 578,80.
a) Wieviel Geld haben Sie durch dieses Übungsbuch gespart?
b) Wie hoch müßte die Verzinsung des Wertpapiers sein, damit Sie nach 2
Jahren DM 1.000 bekommen?

## Aufgabe 6:
Um zu überprüfen, ob eine behauptete Abhängigkeit des Konsums C vom
Einkommen Y auch in der Realität gegeben ist, beschloß eine Gruppe von
Studenten, diesen Zusammenhang empirisch zu überprüfen. Dabei verwendeten
sie folgende Schätzgleichung für Konsumausgaben und Volkseinkommen pro
Kopf in verschiedenen Ländern:
$$C = a + b\, Y.$$

Die Schätzergebnisse waren:

$\tilde{a} = 1,63 \ (2,02)$

$\tilde{b} = 0,67 \ (12,97)$

$R^2 = 0,949.$

Die Zahlen in Klammern geben die t-Werte an. Graphisch ist der Zusammenhang in Abb. 1.1 veranschaulicht.

Abb. 1.1: Konsumausgaben und Volkseinkommen

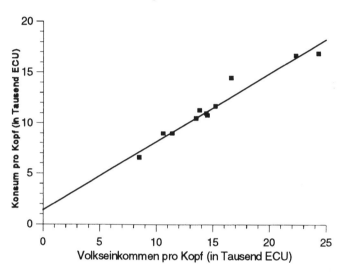

Welche Methode werden die Studenten zur Schätzung verwendet haben und wie lassen sich die Schätzergebnisse interpretieren?

**Aufgabe 7:**

a) Stellen Sie den Zusammenhang zwischen volkswirtschaftlicher Theoriebildung und Realität dar.

b) Erläutern Sie die wichtigsten Elemente eines ökonomischen Modells.

c) Welche Bedeutung hat das gesamtwirtschaftliche Produktionskonto für die Modellbildung in der Makroökonomie?

**Aufgabe 8:**

Gegeben seien folgende Zahlen aus der Volkswirtschaftlichen Gesamtrechnung der Bundesrepublik Deutschland im Jahre 1995 (in Millarden DM):

| | |
|---|---|
| Bruttoinvestitionen | 778,37 |
| Export | 953,72 |
| Privater Konsum | 1974,68 |
| Erwerbs- und Vermögenseinkommen der Inländer im Ausland | 136,56 |
| Erwerbs- und Vermögenseinkommen der Ausländer im Inland | 149,16 |
| Indirekte Steuern - Subventionen | 371,82 |
| davon: Nichtabzugsfähige Umsatzsteuer | 235,41 |
| Einfuhrabgaben | 31,09 |
| Staatskonsum | 675,35 |
| Nettoinvestitionen | 325,40 |
| Ausfuhr | 817,16 |
| Einfuhr | 788,16 |

Berechnen Sie daraus folgende Größen:
Abschreibungen, Bruttoinlandsprodukt zu Marktpreisen, Nettoinlandsprodukt zu Faktorkosten, Bruttowertschöpfung zu Marktpreisen, Bruttosozialprodukt zu Marktpreisen und Volkseinkommen.

**Aufgabe 9:**
a) Erläutern Sie die makroökonomischen Ziele Preisniveaustabilität, Vollbeschäftigung und Wirtschaftswachstum. Wie werden sie gemessen?
b) Beschreiben Sie Abb. 1.2. Welche Regelmäßigkeiten lassen sich erkennen? In welchen Jahren herrschte Rezession? Welche Boomjahre können Sie erkennen? Gab es Zeiten, in denen die makroökonomischen Ziele erreicht wurden?
c) Definieren Sie die Begriffe *Abschwung* und *Aufschwung* anhand der drei verwendeten Zielvariablen.
d) Gibt es möglicherweise Gründe, die gegen eine Verwendung dieser Zielgrößen in der Wirtschaftspolitik sprechen? Warum stehen Sie dennoch im Mittelpunkt des politischen (und wissenschaftlichen) Interesses?

Abb. 1.2: Wachstum des Bruttoinlandsprodukts, Arbeitslosigkeit und
Inflation[a]

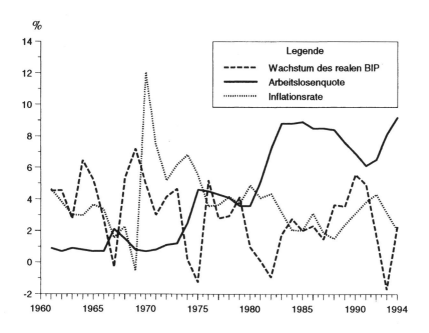

[a] Alle Angaben für das frühere Gebiet der Bundesrepublik Deutschland.
BIP: Bruttoinlandsprodukt. Preisentwicklung: Deflator des BIP. Von 1960
bis 1967 einschließlich (kumulativer) Umsatzsteuer, ab 1968 frei von
Umsatzsteuer.

Quelle: Jahresgutachten 1995/96 des Sachverständigenrates zur Begutachtung der gesamtwirtschaftlichen Entwicklung, Deutscher Bundestag, 13.
Wahlperiode, Drucksache 13/3016, Tabellen 21 und 26, S. 369, 378f.

**Aufgabe 10:**
Die richtige Einschätzung der Konjunkturlage ist für die Investitionstätigkeit
der Unternehmen und für die geld- und fiskalpolitische Steuerung durch den
Staat von erheblicher Bedeutung. Daher stellt sich die Frage nach der Messung
von Konjunkturschwankungen.
a) Inwiefern eignen sich die drei Zielgrößen aus Aufgabe 9 zur Messung der

Konjunkturlage?

b) Häufig wird zur Beurteilung der konjunkturellen Lage der Grad der Abweichung des Bruttoinlandsprodukts vom gesamtwirtschaftlichen Produktionspotential betrachtet. Erklären Sie den Begriff des Produktionspotentials unter Verwendung des Konzepts der Produktionsfunktion. Wie läßt sich damit die Konjunktur messen?

c) An Unternehmen wurde folgende Frage gerichtet: "Welche Geschäftsentwicklung erwarten Sie in den nächsten sechs Monaten?". Die Antworten sind in Tab. 1.1 dargestellt:

Tab. 1.1: Geschäftsentwicklung im Ifo-Konjunkturtest

| Zeitpunkt der Befragung | %-Anteil aller Unternehmen mit Antwort | | |
|---|---|---|---|
| | "günstiger" | "etwa gleich" | "ungünstiger" |
| Mai 1982 | 0% | 30% | 70% |
| Mai 1986 | 10% | 80% | 10% |
| Mai 1991 | 30% | 60% | 10% |
| Mai 1996 | 10% | 70% | 20% |

Quelle: Monatsberichte des ifo Instituts für Wirtschaftsforschung, div. Ausgaben.

Vergleichen Sie die Antworten mit der Graphik aus Aufgabe 9. Welche Vorteile haben derartige Umfragen für die Konjunkturprognose?

**Aufgabe 11:**
In der Bundesrepublik Deutschland liegt die Verantwortung für die Geldpolitik bei der Deutschen Bundesbank.

a) Was sind Aufgaben und Ziele der Bundesbank?

b) Erläutern Sie die Struktur des zentralen Entscheidungsgremiums der Deutschen Bundesbank. Von welchen Institutionen werden die einzelnen Mitglieder bestellt? Wie beurteilen Sie die politische Unabhängigkeit der Bundesbank?

c) Stellen Sie die Geldfunktionen dar.

d) Erläutern Sie die Geldmengenkonzepte $M_1$, $M_2$ und $M_3$. Wie ist die Zentralbankgeldmenge definiert? Warum unterscheidet man verschiedene Geldmengenkonzepte?

e) Was versteht man unter Geldumlaufgeschwindigkeit? Analysieren Sie die Entwicklung für die letzten fünf Jahre anhand eines Monatsberichts der Bundesbank und ziehen Sie als Vergleich auch das Jahr 1970 heran.

**Aufgabe 12:**
Aufgrund eines erhöhten Geldbedarfs in der Bevölkerung möchte die Bundesbank die Geldmenge erhöhen.

a) Nennen Sie die der Deutschen Bundesbank zur Verfügung stehenden geldpolitischen Instrumente.

b) Erläutern Sie genau, wo diese Maßnahmen bei den Wirtschaftssubjekten ansetzen.

c) Stellen Sie anhand des neuesten Monatsberichts der Bundesbank fest, welche Größenordnungen die einzelnen Instrumente haben.

**Aufgabe 13:**
Tennisspieler Return hat ein hochdotiertes Turnier gewonnen. Seine 10 Mio. DM Siegerprämie schafft er zunächst zur Bank A, um sich in Ruhe Gedanken über einen möglichen Wohnsitzwechsel zu machen. Diese Einlage von 10 Mio. DM ermöglicht der Bank A, bei einem Mindestreservesatz von 20%, dem Bauunternehmer Meißel einen Kredit in Höhe von 8 Mio. DM zu gewähren. Meißel investiert in neue Maschinen und so gelangt der Scheck über 8 Mio. DM über den Maschinenhersteller Kraft zur Bank B. Erläutern sie den Geldschöpfungsprozeß anhand der Konten der Geschäftsbanken.

**Aufgabe 14:**
Der alljährliche Höhepunkt der öffentlichen politischen Diskussion um die Wirtschaftspolitik ist die Haushaltsdebatte im Deutschen Bundestag.

a) Warum wird dieser Debatte eine derartig hohe Bedeutung beigemessen? Wie entsteht das Budget der Bundesregierung?

b) Nennen Sie die wichtigsten Komponenten dieses Budgets.

c) Welchen makropolitischen Zielen ist die Fiskalpolitik verpflichtet und wer sind ihre Träger?

**Aufgabe 15:**
Jedes Jahr werden in der Bundesrepublik Deutschland von verschiedenen
Institutionen Analysen und Prognosen über die gesamtwirtschaftliche Entwicklung erstellt.
a) Geben Sie eine Beschreibung dieser Institutionen und erläutern Sie kurz die
   Art der wirtschaftspolitischen Beratung.
b) Welche Argumente sprechen für die Erstellung alternativer Wirtschaftsgut-
   achten?
c) Wie muß die Bundesregierung auf diese Analysen und Prognosen reagieren?

## 1.2 Lösungen

**Aufgabe 1:**

a) $\partial Y_1 / \partial u = f_{1u} = 3\,(u+4) + 1(3u+2v) = 2(3u+v+6)$

$\partial Y_1 / \partial v = f_{1v} = 2\,(u+4) + 0(3u+2v) = 2(u+4)$

$$\frac{\partial Y_2}{\partial u} = \frac{3(u^2+3v) - 2u(3u-2v)}{(u^2+3v)^2} = \frac{-3u^2+4uv+9v}{(u^2+3v)^2}$$

$$\frac{\partial Y_2}{\partial v} = \frac{-2(u^2+3v) - 3(3u-2v)}{(u^2+3v)^2} = \frac{-u(2u+9)}{(u^2+3v)^2}$$

b) $\dfrac{\partial Y}{\partial K} = 96 \cdot 0{,}3 \cdot K^{0,3-1} N^{0,7} = 0{,}3\,\dfrac{Y}{K}$

$\dfrac{\partial Y}{\partial N} = 96 \cdot K^{0,3} \cdot 0{,}7 \cdot N^{0,7-1} = 0{,}7\,\dfrac{Y}{N}$

c) $\dfrac{\partial Y_1}{\partial x} = 2 \cdot 3 \cdot x + \dfrac{1}{2}\,x^{\frac{1}{2}-1} = 6x + \dfrac{1}{2\sqrt{x}}$

$$\frac{\partial Y_2}{\partial x} = 6 \cdot x \cdot \sqrt{x} + 3 \cdot x^2 \cdot \frac{1}{2\sqrt{x}} = 7,5 \, x\sqrt{x}$$

$$\frac{\partial Y_3}{\partial x} = \frac{6 \cdot x \cdot \sqrt{x} - 3 \cdot x^2 \cdot 1/(2\sqrt{x})}{x} = 4,5\sqrt{x}$$

d)  $\dfrac{\partial Y}{\partial x} = \dfrac{2x}{x^2} = \dfrac{2}{x}$

**Aufgabe 2:**

a) Das totale Differential gibt die Änderung von Y an, wenn sich beide Variablen (K und Z) gleichzeitig ändern. Es wird berechnet, indem die totalen
   Veränderungen der beiden exogenen Variablen mit ihren partiellen Ableitungen multipliziert werden:

$$dY = \frac{\partial F}{\partial K} dK + \frac{\partial F}{\partial Z} dZ$$

b)  $dU = (2 + 9x_2)\, dx_1 + (9x_1 + 2x_2)\, dx_2$

c)  $dY = \dfrac{\partial F}{\partial x_1} dx_1 + \dfrac{\partial F}{\partial x_2} dx_2$

$$= (x_2 - \frac{1}{x_2})\, dx_1 + (x_1 + \frac{x_1}{x_2^2})\, dx_2$$

**Aufgabe 3:**

a) Die Einnahmen Y des Vereins errechnen sich aus Y = P X, wobei P den
   Preis einer Eintrittskarte und X die Anzahl der Besucher darstellt. Schreibt
   man diese Beziehung in Wachstumsraten, ergibt sich:

$$\hat{Y} = \hat{P} + \hat{X} = 0,1 + 0,02 = 0,12$$

b) Schreibt man die Kostenfunktion c in Wachstumsraten, ergibt sich:

$$\hat{c} = \hat{w} + \hat{N} - \hat{X} = 0 + 0,025 - 0,02 = 0,005.$$

**Aufgabe 4:**

a) Die Cramer'sche Regel stellt eine bequeme Möglichkeit zur Lösung linearer Gleichungssysteme dar. Ein lineares Gleichungssystem kann folgendermaßen dargestellt werden:

$$\begin{bmatrix} a_{11} & a_{12} \\ a_{21} & a_{22} \end{bmatrix} \begin{bmatrix} x_1 \\ x_2 \end{bmatrix} = \begin{bmatrix} b_1 \\ b_2 \end{bmatrix}$$

In Matrixschreibweise ergibt sich:     $Dx = b$

Um die Komponente $x_i$ des Lösungsvektors dieses Systems linearer Gleichungen zu finden, ersetzt man die i-te Spalte der Matrix D durch den Spaltenvektor b und bildet so eine Matrix $D_i$. Dann ist $x_i$ einfach die Determinante von $D_i$ dividiert durch die Determinante von D, d.h.

$$x_i = \frac{\mid D_i \mid}{\mid D \mid} \; .$$

Damit es eine eindeutige Lösung gibt, müssen sämtliche Determinanten von Null verschieden sein.

b) Aus dem gegebenen System ergeben sich folgende Determinanten:

$$\mid D \mid = \begin{vmatrix} 5 & 3 \\ 6 & -2 \end{vmatrix} = 5 * (-2) - (6 * 3) = -28$$

$$\mid D_1 \mid = \begin{vmatrix} 30 & 3 \\ 8 & -2 \end{vmatrix} = -84$$

$$\mid D_2 \mid = \begin{vmatrix} 5 & 30 \\ 6 & 8 \end{vmatrix} = -140$$

Infolgedessen ergibt sich für $x_1$ und $x_2$:

$$x_1 = \frac{\mid D_1 \mid}{\mid D \mid} = \frac{-84}{-28} = 3$$

$$x_2 = \frac{\mid D_2 \mid}{\mid D \mid} = \frac{-140}{-28} = 5$$

c) In Matrixschreibweise lautet das Gleichungssystem nach totaler Differentiation beider Gleichungen:

$$\begin{bmatrix} 1 & 0 \\ 2 & 5 \end{bmatrix} \begin{bmatrix} dz_1 \\ dz_2 \end{bmatrix} = \begin{bmatrix} 10 & 2 \\ 5 & 5 \end{bmatrix} \begin{bmatrix} dx_1 \\ dx_2 \end{bmatrix}$$

Aus dem System ergeben sich folgende Determinanten:

$$\mid D \mid = \begin{vmatrix} 1 & 0 \\ 2 & 5 \end{vmatrix} = 5$$

$$\mid D_{z_1 x_1} \mid = \begin{vmatrix} 10 & 0 \\ 5 & 5 \end{vmatrix} = 50 \;, \qquad \mid D_{z_2 x_1} \mid = \begin{vmatrix} 1 & 10 \\ 2 & 5 \end{vmatrix} = -15$$

$$\mid D_{z_1 x_2} \mid = \begin{vmatrix} 2 & 0 \\ 5 & 5 \end{vmatrix} = 10 \;, \qquad \mid D_{z_2 x_2} \mid = \begin{vmatrix} 1 & 2 \\ 2 & 5 \end{vmatrix} = 1 \;.$$

Partielle Ableitungen von $z_1$ bzw. $z_2$ nach $x_1$ liefern:

$$\frac{\partial z_1}{\partial x_1} = \frac{\mid D_{z_1 x_1} \mid}{\mid D \mid} = 10 \;, \qquad \frac{\partial z_2}{\partial x_1} = \frac{\mid D_{z_2 x_1} \mid}{\mid D \mid} = -3 \;.$$

Für die notwendigen Veränderungen von $z_1$ und $z_2$ ergeben sich:

$$dz_1 = \frac{\partial z_1}{\partial x_1} \cdot dx_1 = 1000 \quad \text{und} \quad dz_2 = \frac{\partial z_2}{\partial x_1} \cdot dx_1 = -300.$$

Partielle Ableitungen von $z_1$ bzw. $z_2$ nach $x_2$ liefern:

$$\frac{\partial z_1}{\partial x_2} = \frac{|D_{z_1 x_2}|}{|D|} = 2 \ , \qquad\qquad \frac{\partial z_2}{\partial x_2} = \frac{|D_{z_2 x_2}|}{|D|} = 0,2 \ .$$

Für die notwendigen Veränderungen von $z_1$ und $z_2$ ergeben sich:
$dz_1 = 200$ und $dz_2 = 20$.

**Aufgabe 5:**

a) Man muß den Gegenwartswert des Wertpapiers berechnen:

$$Y_0 = \frac{578,8}{(1+0,05)^3} \approx 500$$

b) Die erforderliche Verzinsung erhält man durch Anwendung der internen Zinssatzmethode:

Es gilt:                     $Y_2 = (1 + R)^2 \, Y_0$

Durch Einsetzen der Werte erhält man:

$$(1 + R)^2 - 2 = 0 \text{ bzw.}$$

$$R^2 + 2R - 1 = 0$$

Anwendung der allgemein bekannten Formel zur Lösung quadratischer Gleichungen mit einer Variablen führt zu:

$$R_{1,2} = \frac{-b \pm \sqrt{b^2 - 4ac}}{2a} = \frac{-2 \pm \sqrt{8}}{2}$$

Hieraus errechnet sich $R_1 = 0,41$ und $R_2 = -2,41$. Da ein negativer Zinssatz nicht sinnvoll ist, lautet die Lösung: $R = 0,41$.

**Aufgabe 6:**

Die Studenten haben das Prinzip der kleinsten Quadrate verwendet. Dieses besagt, daß gerade diejenige Regressionsgerade gewählt werden soll, die die Summe der quadrierten senkrechten Abstände der Beobachtungspunkte von der Schätzgeraden minimiert. Der Schätzkoeffizient $\tilde{b}$ kann in diesem Zusammenhang als marginale Konsumneigung interpretiert werden, d.h. wenn das verfügbare Einkommen um eine Einheit zunimmt, dann werden 0,67 Einheiten zusätzlich konsumiert.

Die Schätzergebnisse können unter Verwendung eines t-Tests interpretiert werden. Ein t-Test überprüft die Hypothese, ob ein Schätzkoeffizient bei einer bestimmten Irrtumswahrscheinlichkeit (z.b. 5%) signifikant von Null verschieden ist. Der t-Wert berechnet sich beispielsweise für die Hypothese $H_0$: a = 0 als:

$$t = \frac{\tilde{a}}{\tilde{\sigma}_{\tilde{a}}} ,$$

wobei $\tilde{\sigma}_{\tilde{a}}$ den entsprechenden geschätzten Standardfehler darstellt. Wenn der Betrag des t-Wertes größer ist als der kritische Wert der t-Verteilung, dann ist der entsprechende Schätzkoeffizient signifikant von Null verschieden. Als Faustregel wird ein kritischer Wert von 2 unterstellt. Folglich sind beide Schätzkoeffizienten statistisch signifikant.

Das Bestimmtheitsmaß $R^2$ stellt einen Orientierungspunkt dafür dar, wie gut die geschätzte Gerade die Daten beschreibt. Das Bestimmtheitsmaß ist definiert als Anteil der erklärten Varianz an der Gesamtvarianz

$$R^2 = \frac{Var(\tilde{C})}{Var(C)} = \frac{erklärte\ Varianz}{Gesamtvarianz} ,$$

mit $0 \leq R^2 \leq 1$. Bei $R^2 = 0$ wäre die Regressionsgerade waagrecht, d.h. zwischen Konsum und verfügbarem Volkseinkommen würde kein Zusammenhang bestehen. Bei $R^2 = 1$ würde dagegen ein perfekter Zusammenhang vorliegen, d.h. alle Punkte würden genau auf der Regressionsgerade liegen. Folglich sollte das $R^2$ immer möglichst nahe bei 1 liegen. Die vorliegende Schätzung ist mit einem $R^2$ von 0,949 sehr gut. 94,9% der Gesamtvarianz der endogenen Variablen wird durch die Regressionsbeziehung erklärt.

**Aufgabe 7:**

a)  Eine Theorie ist stets die Reduktion komplexer Zusammenhänge auf das jeweils Wesentliche. Theorie ist daher nur ein Abbild der Realität. Annahmen dienen dabei als Hilfsmittel, um eine komplexe Realität in den Griff zu bekommen. Man muß sich jedoch bewußt sein, daß die Plausibilität einer Theorie mit ihrem empirischen Gehalt zusammenhängt. Wenn wirtschaftswissenschaftliche Aussagen nützlich sein sollen, dann ist darauf

zu achten, daß sie auch empirisch falsifizierbar sind. Dies impliziert, daß
wir mit Theorien so lange arbeiten, so lange sie in der Praxis nicht wieder-
legt wurden.

Auf der Suche nach systematischen Zusammenhängen werden durch
einfache Annahmen über die Realität Modellhypothesen gewonnen. Diese
Phase kann man auch als explorative Datenanalyse begreifen. Die aus einer
explorativen Datenanalyse folgenden Modellhypothesen können zu einer
Modellkonstruktion verwendet werden. In der konfirmatorischen Analyse
konfrontiert man die Modellbildung mit Daten, d.h. mit der Realität. Die
konfirmatorische Analyse ist erst beendet, wenn die Modellkonstruktion
einer Plausibilitätsprüfung empirischer Art standgehalten hat. Ist dies nicht
der Fall, muß an der Modellkonstruktion weiter gearbeitet werden. Hat sich
ein zunächst befriedigendes Modell gefunden, so kann es genutzt werden,
um Handlungsalternativen zu studieren oder Zukunftsfragen mit Hilfe von
Prognosen zu klären. Tauchen Zweifel auf, ob die Resultate befriedigen, so
führt dies zu einer weiteren Revision der Modellkonstruktion. Erst wenn
dieser letzte Schritt befriedigt, kann die Theorie als Grundlage wirtschaftspolitischer Entscheidungen dienen.

b)  Es müssen endogene und exogene Variablen unterschieden werden.
    -   *Exogene Variablen*: Größen, die in einer Analyse als vorherbestimmt
        betrachtet werden. Exogen sind häufig Instrumente wirtschaftspoliti-
        scher Instanzen, Rahmenbedingungen ökonomischen Handelns und
        Bedingungen des Weltmarktes.
    -   *Endogene Variablen*: Zielgrößen, die durch einen theoretischen Zu-
        sammenhang erklärt werden sollen.
    In einem Modell sollen demnach endogene (abhängige) Variablen durch
    exogene (unabhängige) Variablen erklärt werden. Der Zusammenhang wird
    in der Regel durch Gleichungen dargestellt. Dabei unterscheidet man Ver-
    haltensgleichungen, Definitionsgleichungen und Gleichgewichtsbedingun-
    gen:
    -   *Verhaltensgleichung*:
        Eine Verhaltensgleichung ist eine Hypothese über ökonomische
        Wirkungszusammenhänge. Verhaltensgleichungen können empirisch
        überprüft werden und sind falsifizierbar.
    -   *Definitionsgleichung*:
        Definitionsgleichungen sind Identitäten, die das Begriffsgerippe einer

Theorie bilden und nicht falsifiziert werden können.

- *Gleichgewichtsbedingung:*
  Ein Gleichgewicht ist ein Zustand mit Beharrungsvermögen (ist erreicht, wenn die Gleichgewichtsbedingung erfüllt ist); alle Modellgleichungen sind im Gleichgewicht miteinander kompatibel bzw. die geplanten Größen entsprechen den tatsächlichen Größen (z.B. keine ungeplante Lagerveränderung).

c) Für die Modellbildung in der Makroökonomie ist das gesamtwirtschaftliche Produktionskonto (siehe Anhang zu diesem Kapital) von Bedeutung, da mit der Gleichung $Y = C + I + G + (EX - IM)$ das Einkommen (BSP) im keynesianischen Gütermarktmodell definiert wird (siehe Kapitel 3). Die Prognosen, die anhand dieses Modells getroffen werden, können mit den Daten des gesamtwirtschaftlichen Produktionskontos ex post überprüft werden.

**Aufgabe 8:**

Abschreibungen = Bruttoinvestitionen - Nettoinvestitionen = 452.97

Bruttoinlandsprodukt zu Marktpreisen = Privater Konsum + Bruttoinvestitionen + Staatskonsum + Ausfuhr - Einfuhr = 3457,40

Nettoinlandsprodukt zu Faktorkosten = Bruttoinlandsprodukt zu Marktpreisen - Abschreibungen - (Indirekte Steuern - Subventionen) = 2632,61

Bruttowertschöpfung = Bruttoinlandsprodukt zu Marktpreisen - Nichtabzugsfähige Umsatzsteuer - Einfuhrabgaben = 3190,90

Bruttosozialprodukt zu Marktpreisen = Bruttoinlandsprodukt zu Marktpreisen + Erwerbs- und Vermögenseinkommen der Inländer im Ausland - Erwerbs- und Vermögenseinkommen der Ausländer im Inland = 3444,80

Volkseinkommen = Bruttosozialprodukt zu Marktpreisen - Abschreibungen - (Indirekte Steuern - Subventionen) = 2620,01

**Aufgabe 9:**

a) (i) *Inflation*: Abfolge von Preisniveausteigerungen über mehrere Perioden. Dabei wird das Preisniveau aller Güter und Dienstleistungen (durch Preisindizes ausgedrückt) betrachtet. Es darf sich nicht um einmalige, sondern muß sich um ständige Steigerungen handeln und die Steigerungen dürfen nicht zu gering sein (Meßfehler), sondern sollten z.b. über 2% pro Jahr liegen.

*Inflationsrate*: Relative Veränderung eines Preisindexes. Grundsätzlich gibt es zwei Konzepte:

*Laspeyres-Index* (basisgewichteter Index)

$$P_t^L = \frac{\sum_{i=1}^n p_{it} \cdot q_{i0}}{\sum_{i=1}^n p_{i0} \cdot q_{i0}}$$

*Paasche-Index* (momentangewichteter Index)

$$P_t^P = \frac{\sum_{i=1}^n p_{it} \cdot q_{it}}{\sum_{i=1}^n p_{i0} \cdot q_{it}}$$

mit folgenden Definitionen:  $q_{i0}$ Gütermengen in Basisperiode 0

$q_{it}$ Gütermengen in Periode t

$p_{it}$ Preis des Gutes i in der Periode t

n Anzahl der Güter im Warenkorb

Der vom Statistischen Bundesamt für Haushalte berechnete Preisindex für Lebenshaltung vergleicht die Kosten eines Warenkorbes mit *fester* Zusammensetzung in der laufenden Periode mit den Kosten in der Basisperiode. Der Lebenshaltungskostenindex ist ein Laspeyres-Index. Dagegen ist der Preisindex des Bruttosozialprodukts (Deflator) ein Paasche-Index, der die Konsumstruktur aktualisiert, aber schwieriger intertemporal vergleichbar ist.

$P_t^L$ überschätzt die Inflationsrate, da Substitutionseffekte im Warenkorb aufgrund relativer Preisänderungen nicht berücksichtigt werden. Aus dem gleichen Grund unterschätzt $P_t^P$ die Inflationsrate.

(ii) Vollbeschäftigung

*Arbeitslosenquote*: Anteil der amtlich registrierten Arbeitslosen an allen abhängigen Erwerbspersonen. Die Summe aller abhängigen Erwerbspersonen ergibt sich aus der Anzahl abhängig Beschäftigter *plus* registrierter Arbeitsloser.

*Messung:* Die Arbeitslosen können u. a. über Meldungen bei der Bundesanstalt für Arbeit und Befragungen, etwa durch Erwerbszählungen aus dem Mikrozensus und der Volkszählung, erfaßt werden. Arbeitslose in der deutschen Statistik sind nur beim Arbeitsamt registrierte Arbeitslose.

(iii) Wachstum

Unter Wirtschaftswachstum versteht man immer reales Wirtschaftswachstum, d.h. das nominale Bruttoinlandsprodukt wird durch seinen Deflator (einen Paasche-Index) dividiert.

*Wachstumsrate des realen Bruttoinlandsproduktes (BIP):*

$$\hat{BIP} = \frac{BIP_t - BIP_{t-1}}{BIP_{t-1}} = \frac{\text{Änderung zum Vorjahr}}{\text{Vorjahresstand}}$$

*Messung:* Erfolgt über die Volkswirtschaftliche Gesamtrechnung.

b) Wachstum mit starken Schwankungen, von 1982 bis 1992 relativ ungebrochen. Inflationsrate weniger volatil, sogar negativ in 1969 (Deflation, allerdings zu erklären über gesunkene Importpreise). Inflation scheinbar dem Wachstum nachhinkend. Arbeitslosigkeit schubweise ansteigend (Folge beider Ölkrisen), von 1985 bis 1991 abnehmend, seit 1991 wieder zunehmend.

Wenn die Ziele des Stabilitäts- und Wachstumsgesetzes (siehe Aufgabe 14 c)) erreicht wurden, dann in der Periode 1960-65: Wachstum bei 4%, Inflation bei 2-3%, Vollbeschäftigung. Danach gab es entweder Wachstumskrisen, Inflationsprobleme oder Arbeitslosigkeit.

c) Abschwung:               Wachstum ↓, Inflation ↓ von hohem Niveau, Arbeitslosigkeit ↑.

   Aufschwung:               Wachstum ↑, Inflation ↑ von niedrigem Niveau, Arbeitslosigkeit ↓.

d) Es existieren folgende Probleme:

   (i) *Wachstum:* Es gibt etliche Meßprobleme. Dazu gehören die unvoll-

ständige Erfassung der Nutzung der Umwelt, die nicht erfaßte Schatten-
wirtschaft und unvollständig verfügbare Informationen. Auch können
viele Güter und Dienstleistungen nicht zum Marktwert ermittelt werden.
Statt dem Bruttoinlandsprodukt wird häufig auch das Bruttosozialprodukt als wirtschaftliches Konzept bei der Berechnung des Wirt-
schaftswachstums zugrundegelegt, da es in Deutschland eng mit dem
Bruttoinlandsprodukt korreliert. Es ist aber ein eigenständiges Konzept,
das die Wohlfahrtsentwicklung eines Landes erfassen soll. Zusätzliche
Probleme entstehen hier beispielsweise aus der nicht gemessenen Verteilungsgerechtigkeit. Bruttoinlands- und Bruttosozialprodukt sind aber
international standardisierte und vollständig erhobene Konzepte, die für
die wirtschaftliche Analyse unverzichtbar sind.

(ii) *Inflation*: Problem der Messung: Bestimmung und Veränderung des
repräsentativen Warenkorbes, technischer Fortschritt, Wahl des richti-
gen Indikators und der Bezugsgröße (Ein- oder Mehrpersonenhaushalte,
Verbraucher-/Erzeugerpreise, Konsumgewohnheiten). Internationale
Vergleiche schwierig. Vorteil: Laspeyres-Index relativ leicht ermittel-
bar.

(iii) *Arbeitslosigkeit*: Problem der Messung: Verdeckte Arbeitslosigkeit,
Schwarzarbeit, Vorruhestand, etc. Veränderte Gewohnheiten bei Ar-
beitslosigkeitsmeldungen (früher weniger Meldungen, Frauenerwerbs-
losigkeit oft nicht erfaßt). Vorteil: Relativ leichte Erfassung über Ar-
beitsämter.

**Aufgabe 10:**

a) Insgesamt geben die drei Größen zusammen ein gutes Bild des Konjunktur-
verlaufes ab, allerdings nur ex-post. Die Wachstumsraten weisen am ehesten
zyklische Schwankungen auf, bei den anderen beiden Größen sind die Aus-
schläge nach oben und unten nicht immer gleich.

b) Das Produktionspotential ist das fiktive Bruttoinlandsprodukt, das unter
voller Ausnutzung aller verfügbarer Produktionsfaktoren erzielt werden
könnte. Mit einer Produktionsfunktion $Y = Y (N, K, ...)$ ergibt sich das
Produktionspotential als

$$Y^P = Y (N_{max}, K_{max}, ...),$$

wobei $N_{max}$, $K_{max}$, ... die maximal verfügbaren Mengen des jeweiligen Faktors angeben.

In aller Regel wird die Abweichung vom Produktionspotential als Quotient $Y/Y^P$ angegeben. Dieser Quotient wird auch als Auslastungsgrad des Produktionspotentials bezeichnet und als Maß für die Konjunktur herangezogen.

c) Im Abschwung antwortet ein hoher Anteil der Unternehmen mit negativen wirtschaftlichen Einschätzungen. Nicht so umgekehrt: Im Aufschwung ist ein unverhältnismäßig gering erhöhter Anteil von positiven Einschätzungen ("Lerne klagen ohne zu leiden...") zu erkennen. Da meistens die Antwort "etwa gleich" überwiegt, wird im allgemeinen ein Saldo aus den Antworten "günstiger" und "ungünstiger" gebildet.

Der Saldo ist 1982: -70%, 1986: ±0%, 1991: +20%, 1996: -10%. Diese Werte werden vom ifo-Institut (unter anderem) zur Konjunkturvorhersage verwendet.

*Vorteile:*

- Schnelle Ermittlung, da diese Werte aktuell erhoben werden können (Keine ex-post Zahlen.)
- Relativ verläßlich, da der gesamte Produktionssektor abgedeckt wird und die Informationen "aus erster Hand" von den Unternehmen kommen.
- Aufgliederung nach Branchen, Regionen, etc. leicht möglich.
- Ähnliche Fragen gibt es auch in Bezug auf Kapazitätsauslastung, Preise, Beschäftigung u. a., so daß man ein umfassendes Bild der Konjunktur erhält.

**Aufgabe 11:**

a) Das Gesetz über die Deutsche Bundesbank (BbankG) vom 26. Juli 1957 definiert in §3 die Aufgaben und Ziele der Bundesbank wie folgt:
   "Die Deutsche Bundesbank regelt mit Hilfe der währungspolitischen Befugnisse, die ihr nach diesem Gesetz zustehen, den Geldumlauf und die Kreditversorgung der Wirtschaft mit dem Ziel, die Währung zu sichern, und sorgt für die bankmäßige Abwicklung des Zahlungsver-

kehrs im Inland und mit dem Ausland."
Oberstes Ziel der Bundesbank ist somit, die interne (Inflation) und externe
(Wechselkurs) Stabilität der Währung zu sichern. Als untergeordnetes Ziel
soll sie die Wirtschaftspolitik der Bundesregierung unterstützen.

b) Das zentrale Entscheidungsgremium der Deutschen Bundesbank ist der
Zentralbankrat. Dieser setzt sich zusammen aus:

(i) dem Direktorium bestehend aus dem Bundesbankpräsidenten, dem
Vizepräsidenten und bis zu 6 (wie zur Zeit) weiteren Mitgliedern. Das
Direktorium wird auf Vorschlag der Bundesregierung ernannt.

(ii) den Präsidenten der 9 Landeszentralbanken, welche auf Vorschlag des
Bundesrates ernannt werden.

Der Zentralbankrat tagt in der Regel alle 2 Wochen. Beschlüsse werden mit
einfacher Mehrheit der abgegebenen Stimmen gefaßt. Der Zentralbankrat ist
unabhängig.

c) Funktionen des Geldes:

(i) *Tauschmittelfunktion:* Die Notwendigkeit für ein allgemein anerkann-
tes Tauschmittel ergibt sich als Konsequenz aus der Arbeitsteilung.
Diese erfordert indirekte Tauschgeschäfte bzw. die zeitliche Trennung
von Kauf und Verkauf, was eine zeitliche Übertragung von Kaufkraft
impliziert. Als Tauschmittel ist Geld damit der Gegenstand, der verwendet wird, um Käufe und Verkäufe durchzuführen. Geld ist ein ge-
setzliches Zahlungsmittel.

(ii) *Rechenmittelfunktion (Wertmaßstab):* Eine Tauschwirtschaft benötigt
zur Vergleichbarkeit der Güter einen Wertmaßstab bzw. eine Recheneinheit. In der Regel wird das allgemeine Tauschmittel Geld auch als
Recheneinheit verwendet. Diese Funktion des Geldes reduziert bei n
Gütern die Anzahl der möglichen Austauschverhältnisse von $(n^2 - n)/2$
auf $(n - 1)$ dadurch, daß die Werte aller n Güter in Geldeinheiten ausgedrückt werden können.

(iii) *Wertaufbewahrungsfunktion:* Geld erlaubt den Transfer von Kaufkraft
aus der Gegenwart in die Zukunft. Geld steht dabei in einer Substitu-
tionsbeziehung zu anderen verzinslichen Anlageformen für Vermögen,
d.h. Geld ist ein Bestandteil des von einem Wirtschaftssubjekt gehalte-
nen Portfolios. Damit reagiert die Geldhaltung stark auf Kursgewinn-
und Kursverlusterwartungen für andere Vermögensformen und damit

auf den Zins.

d) Geldmengenkonzepte
- *Geldmenge M₁*: Bargeld und Sichtguthaben, d.h. Münzen und Banknoten im Nichtbankensektor und Sichtguthaben der Nichtbanken bei den Geschäftsbanken (außer Zentralbankguthaben des Staates).
- *Geldmenge M₂*: M₁ zuzüglich Terminguthaben mit einer Laufzeit unter 4 Jahren.
- *Geldmenge M₃*: M₂ zuzüglich Spareinlagen mit 3-monatiger Kündigungsfrist.
- *Zentralbankgeldmenge*: Bargeld in den Händen von Nichtbanken und Mindestreservesoll der Banken für ihre inländischen Verbindlichkeiten.

Die Konzepte werden unterschieden, um den unterschiedlichen Liquiditätsgraden alternativer Geldanlagen Rechnung zu tragen. Da Sicht-, Termin- und Spareinlagen Substitute darstellen, liefern die drei Geldmengenkonzepte eine Einsicht in die Liquiditätspräferenzen der Wirtschaftssubjekte und deren Veränderung im Zeitablauf.

e) Die Umlaufgeschwindigkeit des Geldes beschreibt die Beziehung zwischen dem Wert aller Transaktionen einer Volkswirtschaft, die innerhalb einer Periode durchgeführt werden, und der Geldmenge. Sie gibt an, wie häufig eine Geldeinheit innerhalb einer Periode im Durchschnitt verwendet wird, um Transaktionen zu finanzieren.

**Aufgabe 12:**

a) Instrumente der Deutschen Bundesbank
*Mindestreservepolitik:* Die Banken müssen einen Teil ihrer Verbindlichkeiten aus Sichteinlagen, Termineinlagen und Spareinlagen als unverzinsliche Guthaben bei der Bundesbank hinterlegen, wobei die Höhe dieser Reserven durch den Mindestreservesatz bestimmt wird. Veränderungen der Mindestreservesätze werden von Zentralbanken nur selten vorgenommen.
*Offenmarktpolitik:* Als Offenmarktpolitik bezeichnet man die Käufe und Verkäufe von Wertpapieren am Geld- und Kapitalmarkt ("offener Markt") durch die Zentralbank.
*Diskont- und Lombardpolitik:* Geschäftsbanken können ihren Bedarf an

Zentralbankgeld dadurch decken, daß sie zu bestimmten Konditionen und innerhalb eines bestimmten Rahmens Wechsel an die Zentralbank verkaufen (*Rediskontierung*) oder Buchkredite bei der Zentralbank gegen Verpfändung von Wertpapieren aufnehmen (*Lombardkredite*). Bei dieser Art der Geldpolitik stehen der Zentralbank mehrere Aktionsparameter zur Verfügung. Bei der Diskontpolitik sind dies

- die qualitativen Anforderungen an das rediskontfähige Material,
- der maximal mögliche Umfang der Wechseleinreichung einer Geschäftsbank (*Rediskontkontingente*), sowie
- der *Diskontsatz*, d.h. der Abschlag (Diskont) vom Nennwert des Wechsels beim Ankauf durch die Zentralbank.

Bei der Lombardpolitik gibt es die Aktionsparameter

- Umfang und Qualität des lombardfähigen Materials und
- den *Lombardsatz*, d.h. den Zinssatz, der für den Lombardkredit berechnet wird.

b) *Senkung der Mindestreservesätze*: Den Banken steht ein größerer Teil des Einlagevolumens für die Kreditvergabe zur Verfügung, eine größere Kreditexpansion wird möglich. Die Geldmenge wird steigen.

*Expansive Offenmarktpolitik*: Die Bundesbank kauft verstärkt Wertpapiere an und bezahlt sie mit Zentralbankgeld. Erfolgen diese Transaktionen mit Nichtbanken, so steigt die Geldmenge direkt. Transaktionen mit Geschäftsbanken können zu einer Erhöhung ihrer Kreditvergabe und damit zu einer Geldmengenexpansion führen.

*Expansive Refinanzierungspolitik*: Die Refinanzierungskosten der Banken verringern sich. Sie können in einem höheren Umfang Kredite vergeben. Die Geldmenge wird dann steigen.

Eine Erweiterung ihres Kreditvergabespielraums wird allerdings die Geschäftsbanken nicht zu einer expansiven Kreditvergabe und zu einer Zinssenkung zwingen. Es kann deshalb zu Verzögerungen in der Wirksamkeit dieser geldpolitischen Maßnahmen auf die Geldschöpfung kommen. Dies ist bei Offenmarktpolitik mit Nichtbanken nicht der Fall.

c) Siehe einen neueren Monatsbericht der Deutschen Bundesbank.

**Aufgabe 13:**

Die 10 Mio. DM von Return werden von Bank A auf der Aktivseite als Kassenbestand, auf der Passivseite als Sichteinlage gebucht:

| Aktiva | Bank | A | Passiva |
|---|---|---|---|
| Kassenbestand | 10 Mio. | Sichteinlagen | 10 Mio. |

Eine Bank wäre nicht eine Bank, wenn sie es dabei belassen würde. Stattdessen wird sie mit den 10 Mio. DM ihre Reserve, die sie bei der Zentralbank halten muß, erhöhen. Dann sieht das Konto folgendermaßen aus:

| Aktiva | Bank | A | Passiva |
|---|---|---|---|
| Kassenbestand | 0 | Sichteinlagen | 10 Mio. |
| Reserve bei der Zentralbank | 10 Mio. | | |

Für eine Bank mit 10 Mio. DM Sichteinlagen ist eine Reserve von 10 Mio. DM aber viel höher als verlangt. Der unterstellte Mindestreservesatz von 20% ermöglicht nun der Bank A, dem Bauunternehmer Meißel einen Kredit von 8 Mio. DM einzuräumen und lediglich 2 Mio. DM als Reserve bei der Zentralbank zu hinterlassen. Und da Meißel auf einen Schlag 8 Mio. DM mehr besitzt, über die er verfügen kann, erhöhen sich die Sichteinlagen bei Bank A auf 18 Mio. DM. Sichteinlagen sind Bestandteil der Geldmenge und so hat die Bank auf diese Weise neues Geld geschaffen. Das Konto sieht nun so aus:

| Aktiva | Bank | A | Passiva |
|---|---|---|---|
| Kassenbestand | 0 | Sichteinlagen | 18 Mio. |
| Kredite | 8 Mio. | | |
| Reserve bei der Zentralbank | 10 Mio. | | |

Aufgrund der Kreditvereinbarung stellt nun Meißel dem Maschinenbauer Kraft einen Scheck über 8 Mio. DM aus, den dieser zur Bank B bringt. Bank B reicht den Scheck bei der Zentralbank ein, die dafür die Reserve der Bank B um 8

Mio. DM erhöht, die Reserve der Bank A um 8 Mio. DM verringert und den Scheck der Bank A übergibt. Die Sichteinlagen von Meißel sinken, die von Kraft steigen um 8 Mio.

| Aktiva | Bank A | | Passiva |
|---|---|---|---|
| Kassenbestand | 0 | Sichteinlagen | 10 Mio. |
| Kredite | 8 Mio. | | |
| Reserve bei der Zentralbank | 2 Mio. | | |

| Aktiva | Bank B | | Passiva |
|---|---|---|---|
| Reserve bei der Zentralbank | 8 Mio. | Sichteinlagen | 8 Mio. |

Bank B ist nun in der gleichen Situation wie Bank A, als diese den Kredit an Meißel vergeben hat. Aufgrund des Mindestreservesatzes von 20% kann sie weitere 6,4 Mio. DM als Kredit an einen Kunden vergeben. Der Prozeß setzt sich auf diese Art immer weiter fort. Bank A hält genau die erforderlichen Mindestreserven, eine weitere Kreditvergabe ist deshalb nicht möglich.

**Aufgabe 14:**

a) Der erste Schritt der Entstehung des staatlichen Budgets ist die Aufstellung eines Haushaltsentwurfs durch die Exekutive. In den Entwurf gehen sowohl Schätzungen der zu erwartenden Steuereinnahmen als auch die Bedarfsanforderungen der Ministerien ein. Der Regierungsentwurf wird dem Bundestag und dem Bundesrat zugeleitet. Er ist im Bundestag spätestens in der ersten Sitzungswoche des Bundestages nach dem 1. September einzubringen, wobei diese erste Lesung durch die Haushaltsrede des Finanzministers eröffnet wird. Da sich in diesem Budgetentwurf die wirtschaftspolitischen Absichten der Regierung wiederspiegeln, folgt der Haushaltsrede des Finanzministers eine Generaldebatte über die Regierungspolitik unter besonderer Berücksichtigung des Haushaltsentwurfs. Danach wird der Regierungsentwurf an den Haushaltsausschuß des Bundestages verwiesen, dessen

Beratungen in einem Bericht an das Plenum festgehalten werden. Die zweite und dritte Lesung, in denen die Einzelpläne des Haushaltsplans debattiert werden, findet häufig erst im Frühjahr statt. Der Haushaltsplan wird nach Konsultation des Bundesrates als Anlage zum Haushaltsgesetz verabschiedet. Der Haushaltsplan wird demnach durch Gesetz festgestellt und ist prinzipiell vollzugsverbindlich.

b) Siehe aktueller Finanzbericht des Bundesministeriums der Finanzen.

c) In §1 des Gesetzes zur Förderung der Stabilität und des Wachstums der Wirtschaft vom 8. Juni 1967 (Stabilitäts- und Wachstumsgesetz) werden folgende makroökonomischen Ziele genannt: Stabilität des Preisniveaus, hoher Beschäftigungsstand, außenwirtschaftliches Gleichgewicht, stetiges und angemessenes Wirtschaftswachstum. Träger der Fiskalpolitik sind im allgemeinen Bund, Länder und Gemeinden. Diesen Zielen sind aber nach dem Stabilitäts- und Wachstumsgesetz nur Bund und Länder verpflichtet.

**Aufgabe 15:**

a) Das Bundesministerium für Wirtschaft veröffentlicht jeden Monat einen Bericht über die wirtschaftliche Lage in der Bundesrepublik Deutschland. Außerdem wird einmal jährlich zur Jahresmitte eine Projektion der gesamtwirtschaftlichen Entwicklung der kommenden vier Jahre verfaßt.

Zusätzlich wurde "zur periodischen Begutachtung der gesamtwirtschaftlichen Entwicklung in der Bundesrepublik Deutschland und zur Erleichterung der Urteilsbildung bei allen wirtschaftspolitisch verantwortlichen Instanzen sowie in der Öffentlichkeit" (§1 des Gesetzes über die Bildung eines Sachverständigenrates zur Begutachtung der gesamtwirtschaftlichen Entwicklung vom 14. August 1963) ein Rat von unabhängigen Sachverständigen gebildet. Die Mitglieder des Sachverständigenrates dürfen weder der Regierung des Bundes oder eines Landes noch dem öffentlichen Dienst angehören, es sei denn als Hochschullehrer oder als Mitarbeiter eines wirtschafts- oder sozialwissenschaftlichen Institutes. Zum 1. März eines jeden Jahres scheidet ein Mitglied aus. Der Bundespräsident beruft auf Vorschlag der Bundesregierung jeweils ein neues Mitglied für die Dauer von fünf Jahren. Wiederberufungen sind möglich. Der Sachverständigenrat

erstattet jährlich ein Gutachten (Jahresgutachten) und leitet es der Bundesregierung bis zum 15. November zu. Zum gleichen Zeitpunkt wird es auch
veröffentlicht. Es enthält eine gesamtwirtschaftliche Analyse und Prognose
mit allen zentralen makroökonomischen Variablen der Volkswirtschaftlichen
Gesamtrechnung.

Neben dem Sachverständigenrat haben auch die sechs großen Wirt-
schaftsforschungsinstitute in staatlicher Trägerschaft einen wirtschafts-
politischen Beratungsauftrag. Sie erstellen halbjährlich ein Gemeinschafts-
gutachten (Frühjahrs- und Herbstgutachten). Im einzelnen sind dies:
- Deutsches Institut für Wirtschaftsforschung (DIW), Berlin
- HWWA-Institut für Wirtschaftsforschung, Hamburg
- Ifo-Institut für Wirtschaftsforschung, München
- Institut für Weltwirtschaft (IfW), Kiel
- Rheinisch-Westfälisches Institut für Wirtschaftsforschung (RWI),
  Essen
- Institut für Wirtschaftsforschung Halle (IWH)

Neben dem Gemeinschaftsgutachten publizieren die Institute regelmäßig
Analysen und Prognosen, die auch von dem Gemeinschaftsgutachten abwei-
chen können.

b) Die Erstellung von Gutachten durch verschiedene Institutionen soll die
   Pluralität der Forschung widerspiegeln und eine Selbstkontrolle der Gut-
   achter sicherstellen.

c) Die Bundesregierung muß eine Stellungnahme zum Jahresgutachten des
   Sachverständigenrates abgeben. Dies geschieht im Rahmen des Jahreswirt-
   schaftsberichts der Bundesregierung, der zu Beginn jedes Jahres dem Bundestag vorgelegt werden muß. Der Jahreswirtschaftsbericht stellt gemäß §3
   des Stabilitäts- und des Wachstumsgesetzes gesamtwirtschaftliche Orientie-
   rungsdaten für das folgende Jahr zur Verfügung. Federführend ist das Bundesministerium für Wirtschaft.

   Die Prognosen und Analysen der Wirtschaftsforschungsinstitute nimmt
   die Bundesregierung lediglich zur Kenntnis, zu einer Reaktion ist sie nicht
   verpflichtet.

## 1.3 Exkurs: Volkswirtschaftliche Gesamtrechung (VGR)

### 1.3.1 Einführung: Grundidee und Aufgaben der VGR

**Die Grundidee der VGR**

Die VGR soll eine quantitative Beschreibung der in einem bestimmten Zeitraum abgelaufenen Wirtschaftsprozesse ermöglichen. Dazu werden alle Aktivitäten in einem Kontensystem erfaßt und doppelt verbucht. Es wird eine vergangenheitsbezogene, sogenannte *ex post*-Betrachtung gewählt, d.h. es werden realisierte Größen betrachtet. Andererseits können die Wirtschaftssubjekte auch *ex ante*, d.h. zu Beginn jeder Periode, Pläne über ihre Aktivitäten aufstellen. Für eine solche *ex ante*-Betrachtung fehlt aber in der Regel das statistische Datenmaterial über die Pläne der Wirtschaftssubjekte.

**Aufgaben der VGR**

- Die VGR stellt ein Gliederungsschema für ein umfassendes und systematisches Bild der vergangenen wirtschaftlichen Entwicklung dar.
- Eine laufende Wirtschaftsbeobachtung für Regierung, Forschungsinstitute, Zentralbank und Öffentlichkeit soll ermöglicht werden.
- Für die amtliche Statistik dient die VGR als Instrument zur Überprüfung und Koordination von Statistiken unterschiedlicher Herkunft.
- Die VGR ist Grundlage zur Überprüfung von wirtschaftstheoretischen Aussagen.
- Die VGR liefert der Wirtschaftspolitik Indikatoren über die Abweichung von wirtschaftspolitischen Zielen.
- Die VGR ermittelt Entstehung, Verwendung und Verteilung des Bruttosozialprodukts.
- Das Sozialprodukt kann als Wohlfahrtsindikator für ein Land verwendet werden, so daß die VGR als Basis für internationale und intertemporale Wohlfahrtsvergleiche dient.

## 1.3.2 Darstellung

### Grundprinzipien

Um das Ergebnis des Wirtschaftsprozesses in einem überschaubaren Rahmen darstellen zu können, findet eine Aggregation der Wirtschaftssubjekte zu Sektoren statt, die sich durch einheitliche wirtschaftliche Aktivitäten auszeichnen. Tab. 1.2 zeigt die in der VGR verwendete Aggregation der Wirtschaftssubjekte mit ihren jeweiligen wirtschaftlichen Aktivitäten. Aus bilanztechnischen Gründen wird der Sektor Vermögensveränderungen hinzugefügt.

Tab. 1.2: Aggregation der Wirtschaftssubjekte in der VGR

| Sektor | Aggregation | Wirtschaftliche Aktivität |
|---|---|---|
| Private Haushalte | Alle privaten Haushalte | Konsum, Ersparnis und Arbeit |
| Unternehmen | Alle Unternehmen | Produktion und Investition |
| Staat | Haushalte von Bund, Ländern und Gemeinden sowie der Sozialversicherungsträger | Produktion öffentlicher Güter, Investitionen, staatlicher Konsum und Sparen/ Kreditaufnahme |
| Ausland | Ausländische Unternehmen und Konsumenten | Export und Import |
| Vermögensänderung | Individuelle Vermögensänderungen aller Wirtschaftssubjekte | Ersparnis und Nettoinvestition |

Die Leistungsbeziehungen zwischen zwei Sektoren, beispielsweise der Kauf von im Unternehmenssektor hergestellten Konsumgütern durch Haushalte, werden anhand von *Stromgrößen* dargestellt. Diese beziehen sich auf einen Zeitraum. (Im Gegensatz dazu werden *Bestandsgrößen* zeitpunktbezogen gemessen.) In der VGR werden ausschließlich Geldströme verwendet, die Nettogrößen (konsolidierte Ströme) darstellen.

In der VGR gilt das *Budget- bzw. Kreislaufprinzip*, d.h. die Summe der bewerteten Ströme, die in einen Sektor hineinfließen, muß gleich der Summe der bewerteten Ströme sein, die aus diesem Sektor herausfließen. Beispielsweise muß die Summe aus Konsum und Ersparnis den Faktoreinkommen der Haushalte (Löhne, Gehälter, Zinseinkünfte und ausgeschüttete Gewinne) entsprechen.

Abb. 1.3 zeigt einen einfachen Wirtschaftskreislauf, der sich auf den Haushalts- und Unternehmenssektor und deren elementaren Aktivitäten beschränkt. Für ihre Produktionsfaktoren (Arbeit, Kapital) erhalten die Haushalte von den Unternehmen Faktoreinkommen. Dieses Faktoreinkommen wird von den Haushalten für den Kauf von Konsumgütern bei den Unternehmen verwendet. Derjenige Teil des Faktoreinkommens, der nicht konsumiert wird, stellt ihre Ersparnis dar. Sie wird als Vermögensänderung (Erhöhung des Vermögens) erfaßt und dient der Finanzierung der Investitionen der Unternehmen.

Abb. 1.3: Einfacher Wirtschaftskreislauf

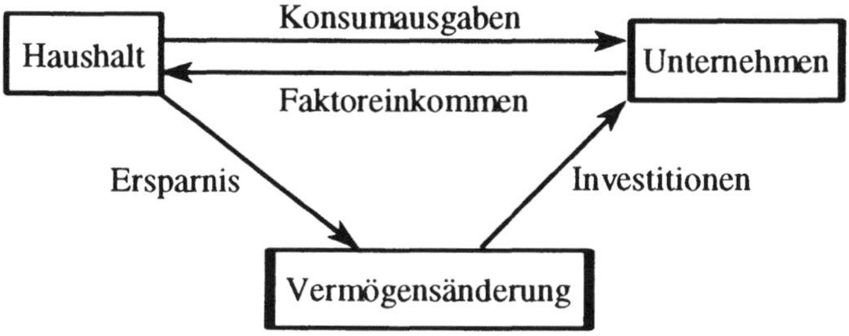

Eine Volkswirtschaft kann auch in Kontenform dargestellt werden. Aus der Kreislaufbetrachtung ergibt sich dadurch das Prinzip der *doppelten Buchführung*. Dabei muß jede Buchung auf zwei Konten erfolgen, d.h. Buchung und Gegenbuchung muß auf verschiedenen Konten erfolgen. Auf der Habenseite (rechts) werden Einnahmen erfaßt, d.h. die zufließenden Ströme, auf der Sollseite (links) werden die Ausgaben erfaßt, d.h. alle abfließenden Ströme. Durch Hinzufügen der Salden werden die einzelnen Konten abgeschlossen und ausgeglichen.

Als Gliederungsprinzipien der Konten werden die ökonomischen Aktivitäten (Produzieren, Einkommen erzielen, Vermögen bilden) verwendet, d.h. die einzelnen ökonomischen Aktivitäten werden über alle aggregierten Sektoren (Haushalte, Unternehmen, Staat) zusammengefaßt. Da jeder aggregierte Sektor prinzipiell jede ökonomische Tätigkeit ausüben kann, erhält man insgesamt neun Konten (für jeden aggregierten Sektor ein Produktionskonto, ein Einkommenskonto und ein Vermögensänderungskonto) zuzüglich eines Auslandskontos, in dem alle ökonomischen Aktivitäten der inländischen Sektoren mit dem Ausland zusammengefaßt werden.

Aggregiert man diese Konten über die einzelnen Sektoren, erhält man drei gesamtwirtschaftliche Konten. Im folgenden wird das gesamtwirtschaftliche Produktionskonto näher erläutert.

**Gesamtwirtschaftliches Produktionskonto**

Auf dem gesamtwirtschaftlichen Produktionskonto werden alle Transaktionen erfaßt, die mit der Produktion in unmittelbarem Zusammenhang stehen. Dabei werden auf der Sollseite (links) die erforderlichen Produktionseinsätze gebucht; auf der Habenseite (rechts) werden die Ergebnisse des Produktionsprozesses festgehalten. Die Sollseite des Produktionskonto bezeichnet man infolgedessen auch als Aufwands- oder Entstehungsseite, die Habenseite als Ertrags- oder Verwendungsseite.

Es muß zwischen dem Inlands- und dem Inländerkonzept unterschieden werden. Das Inlandskonzept definiert die Volkswirtschaft nach den geographischen Grenzen eines Landes. Deshalb zählen die Faktoreinkommen von Personen, die im Ausland wohnen, aber im Inland arbeiten, mit zur Leistung der Volkswirtschaft, das Einkommen von Pendlern ins Ausland dagegen nicht (Inlandsprodukt). Das Inland umfaßt folglich genau das Gebiet der Bundesrepublik Deutschland. Mit dem Inlandskonzept wird die Leistungsfähigkeit einer Volkswirtschaft gemessen. Demgegenüber stellt das Inländerkonzept nicht auf den Ort der Entstehung, sondern auf den ständigen Wohnsitz der Wirtschaftssubjekte innerhalb der Bundesrepublik Deutschland ab (Inländerprodukt). Alle Wirtschaftseinheiten, die ihren ständigen Wohnsitz im Bundesgebiet haben, sind demnach Inländer. Ständig im Inland befindliche Produktionsstätten oder Verwaltungseinrichtungen zählen deshalb unabhängig von den Eigentumsverhältnissen zu den inländischen Wirtschaftseinheiten. Mit dem Inländerkonzept erhält man ein Maß für den Wohlstand der Individuen einer Volkswirtschaft.

Abb. 1.4 zeigt das gesamtwirtschaftliche Produktionskonto nach dem Inlandskonzept. Das $NIP_F$ entspricht der Summe aller Faktoreinkommen, die im Inland während einer Periode erwirtschaftet werden, d.h. Löhne und Gehälter, die die Haushalte von den Unternehmen und dem Staat erhalten, Zinseinkünfte sowie ausgeschüttete und einbehaltene Gewinne. Die Bruttowertschöpfung (BWS) ergibt sich aus den Produktionssteuern (Grund-, Gewerbekapitalsteuern) abzüglich der Subventionen, der Nettowertschöpfung und den Abschreibungen. Die BWS stellt den Produktionswert abzüglich der Vorleistungen dar. Unter Produktionswert versteht man die Gesamtheit der Produktionsergebnisse aller betrachteten Sektoren. Der Produktionswert setzt sich folglich aus Verkäufen, Lagerbestandsveränderungen und selbsterstellten Anlagen zusammen. Unter Vorleistungen versteht man in einer Periode hergestellte Produkte, die in derselben Periode wieder im Produktionsprozeß eingesetzt werden und dabei untergehen. Vorleistungskäufe verschwinden in den nationalen Konten, da sie sich buchungstechnisch bei der Aggregation aufheben.

Abb. 1.4: Gesamtwirtschaftliches Produktionskonto nach dem Inlandskonzept

| Netto-inlands-produkt zu Markt-preisen (NIP$_M$) | B W S | nicht abzugsfähige Umsatzsteuer | privater Konsum | Brutto-inlands-produkt zu Markt-preisen (BIP$_M$) |
|---|---|---|---|---|
| | | Einfuhrabgaben | staatlicher Konsum | |
| | | Produktionssteuern minus Subventionen | | |
| | | Nettowertschöpfung = Nettoinlandsprodukt zu Faktorkosten (NIP$_F$) | Ausfuhr minus Einfuhr | |
| | | Abschreibungen | Bruttoinvestitionen | |

Der Unterschied zwischen dem Nettoinlandsprodukt zu Faktorkosten (NIP$_F$) und dem Nettoinlandsprodukt zu Marktpreisen (NIP$_M$) besteht im Saldo zwischen indirekten Steuern und Subventionen. Die indirekten Steuern bestehen aus der nicht abzugsfähigen Umsatzsteuer, den Einfuhrabgaben und den Produktionssteuern. Diese Steuern werden zwar von den Unternehmen entrichtet, von diesen jedoch über die Preise an die Haushalte überwälzt und sind unabhängig vom Gewinn eines Unternehmens bzw. vom Einkommen eines Haushalts. Steuern und Subventionen verzerren die Preise für die Produktionsfaktoren, deshalb müssen diese herausgerechnet werden, um von den Marktpreisen zu "echten" Preisen zu gelangen.

Je nachdem, ob die Investitionen mit ihrem Brutto- oder Nettowert berücksichtigt werden, spricht man von Nettoinlandsprodukt oder Bruttoinlandsprodukt, d.h. es gilt: Bruttoinlandsprodukt = Nettoinlandsprodukt + Abschreibungen. Die Nettoinvestitionen ergeben sich aus den Bruttoinvestitionen abzüglich der Abschreibungen. Investitionen beschreiben den Wert des Zugangs an dauerhaften Sachgütern zur Erhaltung, Vergrößerung oder Umgestaltung des Produktionsapparates. Abschreibungen hingegen stellen eine Wertminderung des Produktionsapparates infolge von Verschleiß und Veralterung dar. Re- bzw. Ersatzinvestitionen stellen einen Teil der Bruttoinvestitionen dar, der rechnerisch dem Ersatz der Wertminderung entspricht. Folglich gilt: Abschreibung = Re- bzw. Ersatzinvestition.

In Abb. 1.5 ist das gesamtwirtschaftliche Produktionskonto nach dem Inländerkonzept dargestellt. Beim Übergang vom Inlands- zum Inländerkonzept ist zu beachten, daß das Bruttosozialprodukt die Faktoreinkommen von Inländern, die im Ausland erzielt werden, beinhaltet, nicht aber die Einkommen, die von Ausländern im Inland erwirtschaftet werden. Infolgedessen ist die folgende Modifikation der Größen Ausfuhr und Einfuhr notwendig:

Export     =     Ausfuhr + Faktoreinkommen von Inländern, die im Ausland
                 erzielt werden
Import     =     Einfuhr + Faktoreinkommen von Ausländern, die im Inland
                 erwirtschaftet werden

Folglich gilt für das Bruttosozialprodukt (BSP):
BSP        =     BIP + Einkommen von Inländern im Ausland - Einkommen
                 von Ausländern im Inland.

Abb. 1.5: Gesamtwirtschaftliches Produktionskonto nach dem Inländerkonzept

| Netto-sozial produkt zu Markt-preisen (NSP$_M$) | nicht abzugsfähige Umsatzsteuer | privater Konsum | Brutto-sozial-produkt zu Markt-preisen (BSP$_M$) |
| | Einfuhrabgaben | staatlicher Konsum | |
| | Produktionssteuern minus Subventionen | Export minus Import (Außen-beitrag) | |
| | Volkseinkommen = Nettosozialpro-dukt zu Faktor-kosten (NSP$_F$) | | |
| | Abschreibungen | Bruttoinvestitio-nen | |

## Entstehungs-, Verwendungs- und Verteilungsrechnung

Das Ergebnis des abgelaufenen Wirtschaftsprozesses kann aus drei verschiedenen Blickwinkeln betrachtet werden. Die *Entstehungsrechnung* ermittelt die Beiträge der einzelnen Sektoren zum Produktionsergebnis. Gemäß dem derzeit praktizierten Nettosystem der Umsatzsteuerbuchung wird der Bruttoproduktionswert ohne die nichtabzugsfähige Umsatzsteuer dargestellt. Der Bruttoproduktionswert stellt die Summe aus gekauften Vorleistungen, Abschreibungen, Produktionssteuern (abzüglich der Subventionen) und der Nettowertschöpfung dar. Um das BIP$_M$ zu erhalten, wird zu der Bruttowertschöpfung die nichtabzugsfähige Umsatzsteuer, die aufgrund des Berechnungsverfahrens nicht in der Bruttowertschöpfung enthalten ist, ebenso wie die Einfuhrabgaben hinzuaddiert.

Abb. 1.6: Entstehungsrechnung

**Bruttoproduktionswert** (ohne nichtabzugsfähige Umsatzsteuer, mit Einfuhrabgaben)

- Vorleistungen aus dem Ausland (mit Einfuhrabgaben)
- Vorleistungen aus dem Inland (ohne nichtabzugsfähige Umsatzsteuer)
= **Bruttowertschöpfung**

+ nichtabzugsfähige Umsatzsteuer
+ Einfuhrabgaben
= **Bruttoinlandsprodukt zu Marktpreisen**

- Abschreibungen
= **Nettoinlandsprodukt zu Marktpreisen**

- (Indirekte Steuern - Subventionen)
= **Nettoinlandsprodukt zu Faktorkosten**

+ Erwerbs- und Vermögenseinkommen der
  Inländer aus dem Rest der Welt
- Erwerbs- und Vermögenseinkommen der
  Ausländer im Inland
= **Nettosozialprodukt zu Faktorkosten** = **Volkseinkommen**

Die *Verwendungsrechnung* fragt nach der Verwendung der produzierten Güter und Dienstleistungen durch die Wirtschaftssubjekte.

Abb. 1.7: Verwendungsrechnung

   privater Konsum
+ Bruttoinvestitionen
+ staatlicher Konsum
= **letzte inländische Verwendung**

+ Export
= **letzte Güterverwendung**

- Import
= **Bruttosozialprodukt zu Marktpreisen**

- Abschreibungen
= **Nettosozialprodukt zu Marktpreisen**

- indirekte Steuern
+ Subventionen
= **Nettosozialprodukt zu Faktorkosten**
≡ **Volkseinkommen**

Die *Verteilungsrechnung* untersucht die Verteilung des Volkseinkommen auf Einkommen auf unselbständiger Arbeit (Arbeitnehmer) und Einkommen aus Unternehmertätigkeit und Vermögen.

<u>Abb. 1.8</u>:Verteilungsrechnung

  Einkommen aus unselbständiger Arbeit der Inländer
+ Einkommen aus Unternehmertätigkeit und Vermögen der Inländer
= **Volkseinkommen**

- Anteil des Staates am Volkseinkommen
- Anteil des Unternehmenssektors am Volkseinkommen
= Anteil der privaten Haushalte am Volkseinkommen

- direkte Steuern von den Haushalten (Einkommensteuer)
+ Transfer an die Haushalte (z.B. Wohngeld)
= verfügbares Einkommen der privaten Haushalte

## 1.3.3 Probleme der VGR

Probleme entstehen bei der Verwendung des Sozialprodukts als Wohlfahrts-indikator. Zum einen werden wichtige immaterielle Güter nicht erfaßt, zum anderen ist das Sozialprodukt nicht dazu geeignet, die Versorgung einer Gesell-schaft mit materiellen Gütern korrekt nachzuzeichnen:

| | |
|---|---|
| - Unvollständigkeit: | Im Sozialprodukt sind nicht alle Leistungen erfaßt; so beispielsweise Hausarbeit, Nachbarschaftshilfe und ehrenamtliche Tätigkeiten, Schwarzarbeit. Zur Ermittlung des NSP müßte der Kapitalverzehr bei Umwelt und natürlichen Ressourcen ebenfalls berücksichtigt werden. |
| - Kompensatorische Ausgaben: | Ein Teil des Sozialprodukts wird verwendet, Schäden und Nachteile auszugleichen, die durch Produktionswachstum entstehen, bzw. einer weiteren Verschlechterung der Arbeits-, Lebens- und Produktionsbedingungen vorzubeugen. |
| - Bewertung der Güter: | Die Bewertung der Güter entspricht nicht notwendigerweise ihrem Beitrag zur Wohlfahrt: Beispielsweise hängen die Marktpreise vom Wettbewerbsgrad in einem Markt ab (Preisverzerrung durch Monopole, externe Effekte); auch existieren für den Staatssektor keine Marktpreise (staatliche Produktion wird zu Inputpreisen bewertet). |
| - Internationale Vergleichbarkeit: | Nur schwer möglich aufgrund von Unterschieden in der lokalen Kaufkraft der Einkommen und der unterschiedlichen Datenqualität in den einzelnen Staaten. |

Eine Schwierigkeit ergibt sich auch dadurch, daß versucht wird, die Wohlfahrt eines Landes durch einen einzigen Indikator zu messen. Adäquater wäre die Messung der Wohlfahrt durch ein System sozialer Indikatoren unter Einschluß des Sozialprodukts. Auch stellt das Sozialprodukt pro Einwohner einen Durchschnittswert dar, d.h. das Ziel der Verteilungsgerechtigkeit wird nicht berücksichtigt.

# Kapitel 2: Akteure und Märkte

## 2.1 Übungsaufgaben

**Aufgabe 1:**
Ein Unternehmer steht aufgrund höherer Güternachfrage vor der Wahl, einen zusätzlichen Arbeiter einzustellen.
a) Erläutern Sie das Entscheidungskalkül des Unternehmers.
b) Von welchen Annahmen wird dabei ausgegangen? Veranschaulichen Sie sie graphisch.
c) Leiten Sie die Arbeitsnachfragefunktion her. Wie kann man daraus die Arbeitsnachfragefunktion einer Volkswirtschaft ableiten?
d) Zeigen Sie in einem Nominallohn- und in einem Reallohn-Beschäftigungsdiagramm graphisch den Effekt einer exogenen Erhöhung des Preisniveaus auf die aggregierte Arbeitsnachfrage.

**Aufgabe 2:**
a) Erläutern Sie graphisch und verbal das Entscheidungskalkül eines Haushalts über sein Arbeitsangebot.
b) Definieren Sie den Begriff Homogenitätsgrad von Funktionen und wenden Sie ihn in dem in a) erläuterten Haushaltsmodell an. Was versteht man dabei unter Geldillusion? Veranschaulichen Sie ihre Überlegungen graphisch.
c) Problematisieren Sie die aggregierte Arbeitsangebotsfunktion einer Volkswirtschaft, indem Sie die Möglichkeit des Auftretens von Geldillusion berücksichtigen.
d) Untersuchen Sie anhand eines Nominallohn- und eines Reallohn-Beschäftigungsdiagramms den Effekt einer exogenen Erhöhung des Preisniveaus auf die aggregierte Arbeitsangebotsfunktion. Welche Konsequenzen ergeben sich aus unterschiedlichen Formen der Geldillusion?

**Aufgabe 3:**
In der Volkswirtschaft Nirrwahna wird der Output Y gemäß einer Cobb-Douglas-Produktionsfunktion

$$Y = N^\beta K^{1-\beta}$$

mit Kapital K und Arbeit N produziert. K ist kurzfristig konstant und wurde vom Wirtschaftsminister per Dekret auf 1 normiert. Der Kanzler beauftragt seine besten Wirtschaftsexperten mit der Lösung der folgenden Fragen:

a) Entspricht diese Produktionsfunktion den Annahmen des Lehrbuchs des Kanzlers (er gehört zur Loge der Neoklassiker)? Überprüfen Sie ihre Homogenitätseigenschaften.

b) Leiten Sie die Arbeitsnachfrage bei Gewinnmaximierung unter vollständiger Konkurrenz ab.

c) Berechnen Sie die Lohn- und Profitquoten in dieser Volkswirtschaft.

d) $w^n = P^\alpha N^\mu$ charakterisiere das Arbeitsangebot. Dabei sei $w^n$ der nachgefragte Lohnsatz, P das Preisniveau und $\alpha$, $\mu$ Parameter. Erläutern Sie diese Funktion näher. Machen Sie insbesondere deutlich, welche Annahmen bezüglich $\alpha$ und $\mu$ grundsätzlich plausibel sind.

e) Berechnen Sie die Beschäftigungsmenge dieser Volkswirtschaft für $\mu = \beta$ bei einem Gleichgewicht am Arbeitsmarkt.

f) Zeigen Sie graphisch den Effekt einer exogenen Preisniveauerhöhung auf die Beschäftigungsmenge N. Unterstellen Sie dabei unterschiedliche Werte für $\alpha$.

**Aufgabe 4:**

In seinem Jahresgutachten 1993/94 führt der Sachverständigenrat zur Begutachtung der gesamtwirtschaftlichen Entwicklung die zwischen 1987 und 1991 stark angestiegenen Investitionen u.a. auf die niedrigen Zinsen und eine hohe Güternachfrage zurück.

a) Erläutern Sie mithilfe eines mikroökonomischen Ansatzes die vom Sachverständigenrat zugrundegelegte Investitionsfunktion.

b) Für den Zeitraum 1987-1991 ergeben sich folgende Durchschnittsgrößen:
   - Langfristiger realer Zinssatz: 4,62 %.
   - Gewinnquote: 0,293
   - Abschreibungsrate: 0,15
   - Bruttoinvestitionen dividiert durch das Bruttosozialprodukt: 0,197
   Welche Wirkung hat eine Erhöhung des realen Zinssatzes um einen Prozentpunkt auf die Investitionsnachfrage? Unterstellen Sie bei Ihrer Berechnung die in Teilaufgabe a) abgeleitete Investitionsfunktion.

**Aufgabe 5:**

a) Erläutern Sie die keynesianische Konsumfunktion.

b) Für die Bundesrepublik Deutschland (alte Bundesländer) erhält man folgende Daten aus der VGR (in Mrd. DM):

| Jahr | Volkseinkommen | Privater Verbrauch |
|------|----------------|--------------------|
| 1989 | 1713,44 | 1220,95 |
| 1990 | 1869,60 | 1320,71 |

Berechnen Sie aus diesen Daten die durchschnittliche und die marginale Konsumneigung und mithilfe der Cramer'schen Regel auch beide Parameter der Konsumfunktion.

**Aufgabe 6:**
Sie haben aufgrund ihrer hervorragenden Kenntnisse in der Makroökonomie eine Stelle in einem Wirtschaftsforschungsinstitut bekommen. Ihr erster Auftrag lautet nun, den autonomen Konsum und die marginale Konsumneigung in der Bundesrepublik Deutschland unter Verwendung der Methode der kleinsten Quadrate zu schätzen.
a) Erläutern Sie die Methode der kleinsten Quadrate anhand der keynesianischen Konsumfunktion.
b) Berechnen Sie die Schätzwerte für die marginale Konsumneigung und den autonomen Konsum der Jahre 1986 bis 1990 mit den Daten aus der VGR (in Mrd. DM) für die Bundesrepublik Deutschland (alte Länder).

| Jahr | Volkseinkommen | Privater Verbrauch |
|------|----------------|--------------------|
| 1986 | 1486,74 | 1066,43 |
| 1987 | 1537,48 | 1108,02 |
| 1988 | 1623,52 | 1153,69 |

Vergleichen Sie diese Schätzungen mit den Ergebnissen aus Aufgabe 5.

**Aufgabe 7:**
Erläutern Sie die Möglichkeiten des Staates, die Güternachfrage einer Volkswirtschaft zu beeinflussen.

**Aufgabe 8:**
Für die Bundesrepublik Deutschland wurde folgende Konsumfunktion ge-

schätzt:

$$C = 23,88 + 0,86 \, Y \, (1 - t).$$

Die Einführung des Solidaritätszuschlags führte zu einer Erhöhung des durchschnittlichen Einkommensteuersatzes t von 18,4% auf 19,8%. Berechnen Sie den Effekt des Solidaritätszuschlages auf den aggregierten Konsum C für $Y = 2122,3$ Mrd. DM.

**Aufgabe 9:**
Der Gütermarkt sei durch die Gleichgewichtsbedingung

$$Y = C + I + G$$

mit konstanten Investitionen I, vorgegebenen Staatsausgaben G und die Konsumfunktion

$$C(Y) = a + b \, Y$$

charakterisiert.

a) Erläutern Sie das Gütermarktgleichgewicht anhand einer Graphik.

b) Diskutieren Sie die Wirkungen einer Erhöhung der Staatsausgaben, der Investitionen und des autonomen Konsums.

**Aufgabe 10:**

a) Welche Motive der Geldhaltung lassen sich aus den verschiedenen Funktionen des Geldes ableiten? Welches Motiv spielt in der keynesianischen Theorie eine herausragende Rolle?

b) Aufgrund der internationalen Kritik an der deutschen Hochzinspolitik kündigt die Deutsche Bundesbank an, durch expansive Geldpolitik das Zinsniveau drastisch zu senken. Die Kapitalanleger rechnen deshalb mit sinkenden Zinsen. Erklären Sie verbal und analytisch, wie sich nach dem keynesianischen Modell der Spekulationskasse die individuellen Anlageentscheidungen verändern. Was sind die Konsequenzen für die gesamtwirtschaftliche Nachfrage nach Spekulationskasse?

**Aufgabe 11:**

a) Geben Sie eine graphische Darstellung des Geldmarktgleichgewichts. Begründen Sie dabei den Verlauf der Kurven.

b) Nach einer exogenen Störung kommt es zu einem neuen Geldmarktgleichgewicht bei einem höheren Zinsniveau. Diskutieren Sie die möglichen Ursachen.

## 2.2 Lösungen

## Aufgabe 1:

a) Entscheidungskalkül des Unternehmers: Jeder gewinnmaximierende Unternehmer steht bei der Einstellung eines zusätzlichen Arbeitnehmers vor der Frage: Deckt der zusätzliche Arbeiter durch seine Produktivität bei herrschenden Produkt- und Faktorpreisen seine Lohnkosten?

b) Annahmen: Es wird folgende Produktionsfunktion unterstellt:

$$Y = Y(N, K),$$
wobei $N$ = Arbeit, $K$ = Kapital.

Es gilt     $\partial Y / \partial N > 0, \partial Y / \partial K > 0,$

d.h. mit steigendem Arbeits-/Kapitaleinsatz steigt die Ausbringungsmenge,

und     $\partial^2 Y / \partial N^2 < 0, \partial^2 Y / \partial K^2 < 0,$

d.h. die Zuwächse an Ausbringung nehmen mit steigendem Arbeits-/Kapitaleinsatz ab.

Im folgenden wird unterstellt, daß der Kapitalstock fest vorgegeben ist:

$$Y = Y(N, \bar{K}).$$

Abb. 2.1 gibt eine graphische Veranschaulichung der Arbeitsnachfragefunktion eines Unternehmers bei konstantem Kapitalstock.

c) Aus dem Gewinnmaximierungskalkül läßt sich die Arbeitsnachfrage wie folgt herleiten:

$$GE = P\,Y(N, \bar{K}) - w\,N - R_K \bar{K},$$

wobei GE den Gewinn, P den Outputpreis, w den Nominallohnsatz und $R_K$ die nominalen Kapitalnutzungskosten bezeichnen. ($R_K\bar{K}$ seien die festen Kapitalkosten.) Um das Gewinnmaximum zu ermitteln, muß die erste Ableitung der Funktion nach dem variablen Produktionsfaktor N gleich Null gesetzt werden:

<u>Abb. 2.1</u>: Ableitung der Arbeitsnachfragefunktion

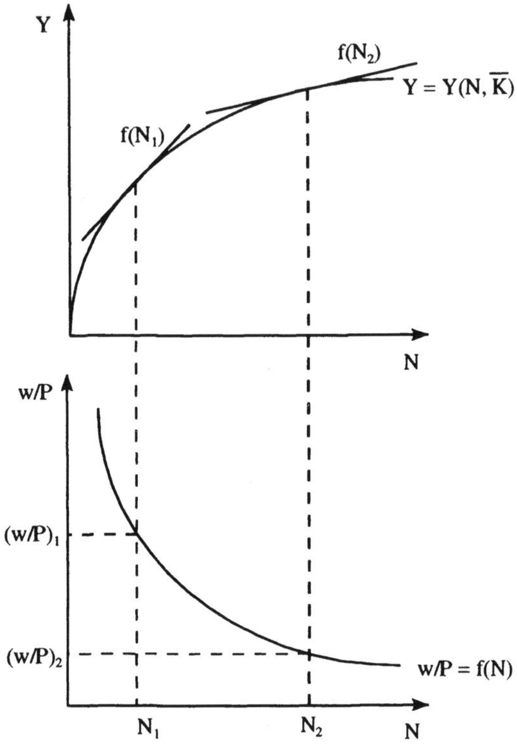

$$\frac{\partial GE}{\partial N} = P\frac{\partial Y}{\partial N} - w = 0$$

Daraus folgt:
$$\frac{\partial Y}{\partial N} = \frac{w}{P}$$

bzw.
$$\frac{w}{P} = Y_N = f(N) \quad .$$

Die Gleichung

$$w = P\,f(N)$$

zeigt den vom Unternehmen bei gegebener Beschäftigung N und gegebenem Preisniveau P angebotenen Nominallohn. Invertiert man die Funktion $w/P = f(N)$, so erhält man die von einem Unternehmen bei gegebenem Reallohn nachgefragte Beschäftigungsmenge $N = f^{-1}(w/P)$. Alle Funktionen $w = P \cdot f(N)$ bzw. $w/P = f(N)$ und $N = f^{-1}(w/P)$ stellen die Arbeitsnachfrage der Unternehmen dar. Horizontale Aggregation der individuellen Arbeitsnachfragefunktionen der Unternehmen ergibt die aggregierte Arbeitsnachfragefunktion einer Volkswirtschaft.

d) Eine exogene Preisniveauerhöhung von $P_1$ auf $P_2$ senkt bei konstantem Nominallohn den Reallohn $w/P$. Im Reallohndiagramm (Abb. 2.2 (a)) entspricht dies einer Bewegung auf der Nachfragekurve. Aufgrund des niedrigeren Reallohns steigt die Arbeitsnachfrage von $N_1$ auf $N_2$. Im Nominallohndiagramm (Abb. 2.2 (b)) verschiebt sich die Arbeitsnachfragefunktion nach rechts, da die Unternehmen bei konstantem Nominallohn $w_0$ solange bereit sind, neue Arbeiter einzustellen, bis die Grenzproduktivität der Arbeit wieder mit dem neuen Reallohnniveau übereinstimmt.

Abb. 2.2: Arbeitsnachfrage und Preisniveauerhöhung
(a) im Reallohndiagramm          (b) im Nominallohndiagramm

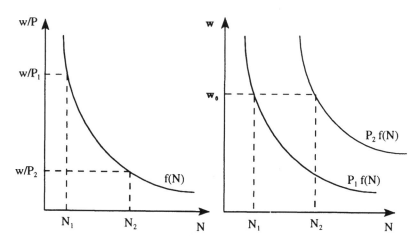

**Aufgabe 2:**

a) Das Arbeitsangebot des Haushalts ergibt sich aus einem Nutzenmaximierungskalkül über Freizeit und Konsum. Dabei wählt der Haushalt den Aktivitätsumfang, bei dem seine Budgetrestriktion ausgeschöpft ist. Graphisch ergibt sich das Nutzenmaximum als Tangentialpunkt der Budgetgeraden an die (aus der Nutzenfunktion abgeleiteten) Indifferenzkurve. In dem Punkt, in dem die Budgetgerade die Abszisse schneidet, fragt der Haushalt nur Freizeit nach und erhält somit auch kein Einkommen. Der Schnittpunkt der Budgetgeraden mit der Ordinate kennzeichnet das maximal erzielbare reale Einkommen des Haushalts, das erreicht werden kann, wenn der Haushalt keine Freizeit konsumiert. Die Restriktion, daß der Haushalt die ihm maximal zur Verfügung stehende Zeit in Freizeit und Arbeitszeit aufteilen muß, ergibt über den optimalen Konsum von Freizeit das Arbeitsangebot des Haushalts.

Aus Abb. 2.3 ist zu erkennen, daß der Reallohn w/P die Entscheidungsgrundlage des Haushalts bezüglich seines Arbeitsangebots darstellt. Bei einer Erhöhung des Nominallohnes von $w_1$ auf $w_2$ dreht sich die Budgetgerade in Punkt Z nach oben. Unter der Annahme, daß Freizeit ein normales Gut ist, tangiert die Indifferenzkurve die Budgetgerade nun im Punkt B und das Arbeitsangebot wird ausgeweitet.

Abb. 2.3: Arbeitsangebot des Haushalts

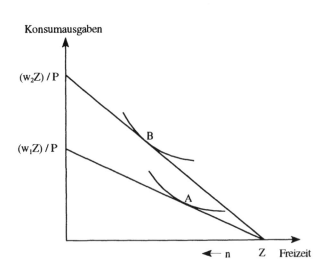

Konsumausgaben

$(w_2Z)/P$

$(w_1Z)/P$

B

A

← n    Z    Freizeit

b)  Die von einem Haushalt i angebotene Arbeitszeit n kann als Funktion des Reallohns dargestellt werden:

$$n_i = n_i^* (w, P) = n_i \left( \frac{w}{P} \right)$$

Die neoklassische Haushaltstheorie impliziert, daß das Arbeitsangebot $n_i$ homogen vom Grade Null in Nominallohn w und Preis P ist. Dies nennt man *Freiheit von Geldillusion*: Wenn w und P sich um jeweils x% verändern, bleibt $n_i$ unverändert. *Geldillusion* bedeutet, daß der Haushalt nicht vollständig berücksichtigt, daß sich der Reallohn infolge von Preisveränderungen ändert. Formal kann dies wie folgt dargestellt werden:

$$n_i = n_i \left( \frac{w}{P^\alpha} \right) , \ 0 \le \alpha \le 1.$$

Folgende Extremfälle können unterschieden werden:
-  *Freiheit von Geldillusion ($\alpha = 1$):* In diesem Fall bezieht der Haushalt das Preisniveau vollständig in sein Entscheidungskalkül ein.
-  *Vollständige Geldillusion ($\alpha = 0$):* In diesem Fall ignoriert der Haushalt das Preisniveau und seine Veränderungen.
    Bei einer Erhöhung des Nominallohns w und des Preisniveaus P um dasselbe relative Ausmaß kommt es bei Freiheit von Geldillusion ($\alpha = 1$) zu keiner Veränderung des Arbeitsangebots, da der Haushalt erkennt, daß sich der Reallohn nicht verändert hat. In der Situation der vollkommenen Geldillusion des Haushalts ($\alpha = 0$) berücksichtigt dieser bei seiner Arbeitsangebotsentscheidung nur die Nominallohnerhöhung. Graphisch dreht sich dadurch die Budgetgerade, die der Haushalt seiner Entscheidung zugrundelegt, nach oben (Abb. 2.4). Es zeigt sich, daß die Haushalte aufgrund der Geldillusion mehr Arbeit zu gleichem Reallohn anbieten, als bei Freiheit von Geldillusion. Die Ursache liegt darin, daß die Arbeitsangebotsentscheidung des Haushalts bei Vorliegen von Geldillusion nicht mehr homogen vom Grade Null ist.

c)  Eine allgemeine Darstellung des Arbeitsangebots muß die Existenz von Geldillusion berücksichtigen. Das makroökonomische Arbeitsangebot ergibt sich aus der horizontalen Aggregation der individuellen Arbeitsangebotsfunktionen. Das Ergebnis lautet typischerweise:

Abb. 2.4: Arbeitsangebot und Geldillusion

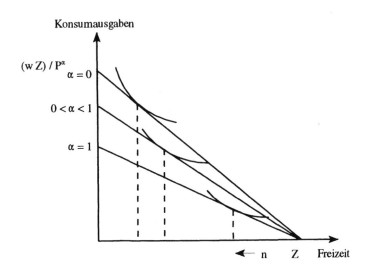

$$N = N\left(\frac{w}{P^{\alpha}}\right)$$

Es stellt die von den Haushalten angebotene Arbeit bei gegebenem Real-
lohnsatz dar. Die Umkehrfunktion ist

$$\frac{w}{P^{\alpha}} = g(N) \quad \text{oder} \quad w = P^{\alpha}g(N), \quad \text{bzw.} \quad \frac{w}{P} = \frac{P^{\alpha}}{P} g(N).$$

Aus der Sicht der Haushalte ist w der nachgefragte Nominallohn. Sie ver-
langen ihn, wenn sie bei gegebenem Preisniveau P die Arbeitsmenge N
anbieten sollen. w/P ist analog der nachgefragte Reallohn.

d) Eine Erhöhung des Preisniveaus verursacht eine Reallohnsenkung. Dies
   führt nur bei völliger Geldillusion nicht zu einer Reduktion des Arbeitsangebots.
       Im Nominallohndiagramm (Abb. 2.5 (a)) verschiebt sich die Arbeits-
   angebotsfunktion nach links (bei gleichem Nominallohn bietet der Haushalt
   weniger Arbeit an). Dabei ist das Ausmaß der Linksverschiebung abhängig
   vom Grad der Geldillusion des Haushalts. Je stärker die Geldillusion (je

niedriger $\alpha$), desto weniger verschiebt sich die Arbeitsangebotsfunktion nach links. Bei vollkommener Geldillusion bleibt das Arbeitsangebot unverändert.

Im Reallohndiagramm (<u>Abb. 2.5 (b)</u>) kommt es zu einer Bewegung auf der Arbeitsangebotskurve, solange die Arbeitnehmer nicht der Geldillusion unterliegen. Unterliegen die Arbeitnehmer dagegen der Geldillusion, kommt es zu einer Rechtsverschiebung der Arbeitsangebotsfunktion.

<u>Abb. 2.5</u>: Preiserhöhung und Arbeitsangebot
(a) im Nominallohndiagramm        (b) im Reallohndiagramm

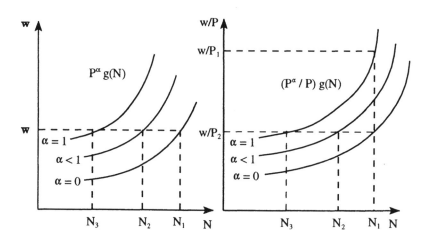

In beiden Diagrammen wird bei Freiheit von Geldillusion das Arbeitsangebot auf $N_3$ eingeschränkt, während sich bei teilweiser Geldillusion $(0 < \alpha < 1)$ nur ein Rückgang des Arbeitsangebots auf beispielsweise $N_2$ ergibt.

**Aufgabe 3:**

a) Die erste Ableitung der Produktionsfunktion nach N und K ergeben:

$$\frac{\partial Y}{\partial N} = \beta N^{\beta-1} K^{1-\beta} = \frac{\beta}{N} Y > 0 \ ,$$

$$\frac{\partial Y}{\partial K} = (1-\beta)N^{\beta}K^{1-\beta-1} = \frac{(1-\beta)}{K}Y > 0 \ .$$

Die zweiten Ableitungen der Produktionsfunktion sind:

$$\frac{\partial^2 Y}{\partial N^2} = (\beta^2 - \beta)N^{\beta-2}K^{1-\beta} = \frac{(\beta^2-\beta)}{N^2}Y < 0 \ ,$$

$$\frac{\partial^2 Y}{\partial K^2} = (\beta^2 - \beta)N^{\beta}K^{1-\beta-2} = \frac{(\beta^2-\beta)}{K^2}Y < 0 \ .$$

Alle Vorzeichen sind eindeutig, da $0 < \beta < 1$ und deshalb $(\beta^2 - \beta)$ negativ sein muß.

Eine linear-homogene Produktionsfunktion weist konstante Skalenerträge auf bzw. ist homogen vom Grade Eins, d.h. bei einer beliebigen proportionalen Variation aller Faktoreinsätze tritt eine gleich große proportionale Veränderung der produzierten Menge ein. So führt z.b. eine Verdoppelung des Faktoreinsatzes zu einer Verdoppelung der Ausbringungsmenge. Bei einer linear-homogenen Cobb-Douglas-Produktionsfunktion müssen sich die partiellen Produktionselastizitäten zu eins addieren. Hier ergeben sich folgende Produktionselastizitäten:

$$\frac{\partial Y}{\partial K}\frac{K}{Y} = (1-\beta)$$

$$\frac{\partial Y}{\partial N}\frac{N}{Y} = \beta$$

Da sich $(1-\beta)$ und $\beta$ zu eins addieren, liegt in diesem Fall eine linear-homogene Produktionsfunktion vor.

Die Produktionsfunktion entspricht somit den Annahmen des Lehrbuchs des Kanzlers.

b) Im Gewinnmaximum muß die Grenzproduktivität des Faktors Arbeit dem Reallohn entsprechen:

$$\frac{\partial Y}{\partial N} = \beta N^{\beta-1}K^{1-\beta} = \frac{\beta}{N}Y = \frac{w}{P}$$

Auflösen nach N ergibt für die Arbeitsnachfragefunktion:

$$N = \beta Y \left(\frac{w}{P}\right)^{-1}$$

Aus dieser Arbeitsnachfragefunktion ist deutlich zu erkennen, daß die nachgefragte Beschäftigungsmenge negativ vom Reallohnniveau (w/P) abhängt.

c) Unter den genannten Bedingungen einer linear homogenen Produktionsfunktion und der Entlohnung der Einsatzfaktoren nach dem Grenzprodukt gibt die partielle Produktionselastizität der Arbeit $\beta$ die Lohnquote an, da gilt:

$$\frac{wN}{PY} = \frac{\partial Y}{\partial N} \cdot \frac{N}{Y} = \beta \ .$$

Entsprechend ist der Anteil der Eigentümer des Kapitals am BSP gleich der Profitquote

$$\frac{R_K K}{PY} = \frac{\partial Y}{\partial K} \cdot \frac{K}{Y} = 1 - \beta,$$

wobei $R_K$ die nominalen Kapitalnutzungskosten bezeichnet.

d) $\alpha$ gibt den Grad der Geldillusion der Arbeitnehmer an, mit $0 \leq \alpha \leq 1$. Ist $\alpha = 0$ herrscht vollständige Geldillusion, bei $\alpha = 1$ Freiheit von Geldillusion. $\mu > 0$ garantiert ferner, daß das Arbeitsangebot mit steigendem Reallohn zunimmt.

e) Im Gleichgewicht muß die Arbeitsnachfrage dem Arbeitsangebot entsprechen:

$$\frac{\beta}{N} P N^\beta K^{1-\beta} = P^\alpha N^\mu$$

Für $\mu = \beta$ und $K = 1$ gilt:      $\frac{\beta}{N} P = P^\alpha \ .$

Aufgelöst nach N ergibt sich für die gleichgewichtige Beschäftigungsmenge der Volkswirtschaft Nirrwahna:

$N^* = \beta \, P^{1-\alpha}$.

f)  Aufgrund der Preisniveauerhöhung sinkt der Reallohn. Die Unternehmer
    fragen bei gegebenen Nominallohn mehr Arbeit nach; die Arbeitsnachfrage-
    funktion verschiebt sich nach rechts (Abb. 2.6). Bei Freiheit von Geldillu-
    sion ($\alpha = 1$) verlangen die Arbeitnehmer eine Nominallohnerhöhung im
    prozentualen Ausmaß der Preisniveauerhöhung, damit sie dieselbe Menge
    an Arbeit anbieten. Die Arbeitsangebotskurve verschiebt sich nach links.
    Da in diesem Fall der Reallohn konstant bleibt, kommt es zu keiner Ver-
    änderung der Beschäftigungsmenge $N_1$. Im anderen Extremfall der voll-
    kommenen Geldillusion ($\alpha = 0$) realisieren die Haushalte die Reallohnsen-
    kung nicht, die Beschäftigung steigt auf $N_3$. Liegt weder Freiheit von
    Geldillusion noch vollkommene Geldillusion vor, so ergibt sich ein neues
    Arbeitsmarktgleichgewicht bei einer Beschäftigung $N_2$, die zwischen $N_1$
    und $N_3$ liegt.

Abb. 2.6: Preisniveauerhöhung, Geldillusion und Beschäftigung

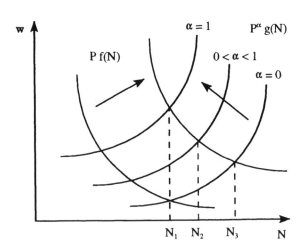

**Aufgabe 4:**

a)  *Neoklassische Investitionshypothese*:
    Im neoklassischen Modell wird die Investitionsnachfrage aus dem Gewinn-
    maximierungsverhalten der Unternehmer abgeleitet. Ausgangspunkt sei eine

Cobb-Douglas-Produktionsfunktion:

$$Y = K^{\beta} N^{1-\beta} \, .$$

Der gewinnmaximierende Kapitalstock ist diejenige Menge an Kapital, bei der das Grenzprodukt des Kapitals gleich den realen Kapitalkosten ist. Das Grenzprodukt des Kapitals ergibt sich bei der unterstellten Produktionsfunktion wie folgt:

$$\frac{\partial Y}{\partial K} = \beta K^{\beta-1} N^{1-\beta} = \frac{\beta}{K} Y \, .$$

Die realen Kosten des Kapitals seien c, wobei sich c aus dem realen Zinssatz R und der realen Abschreibungsrate $\delta$ zusammensetzt ($c = R + \delta$).
Gleichsetzen des Grenzprodukts des Kapitals mit den realen Kapitalkosten und Auflösen nach K ergibt den optimalen Kapitaleinsatz $K^*$ als:

$$K^* = \frac{\beta}{R + \delta} Y \, .$$

Die Bruttoinvestitionen ergeben sich aus folgender Definitionsgleichung:

$$I = K_t^* - K_{t-1} + \delta K_{t-1} \, ,$$

d.h. die Bruttoinvestitionen sind gleich den Neuinvestitionen ($\Delta K = K_t^* - K_{t-1}$) zuzüglich den Ersatzinvestitionen ($\delta K_{t-1}$). Einsetzen des optimalen Kapitaleinsatzes der Periode t in diese Definitionsgleichung ergibt die neoklassische Investitionsnachfragefunktion:

$$I = \frac{\beta}{R + \delta} Y + (\delta - 1) K_{t-1} \, .$$

Aus dieser Funktion kann man erkennen, daß die Investitionsnachfrage negativ vom Zinssatz R und positiv vom Output Y abhängt.

b) Zur Lösung dieser Aufgabe benötigt man die Zinselastizität der Investitionsnachfrage. Die erste Ableitung der Investitionsfunktion nach dem Zinssatz ergibt:

$$\frac{\partial I}{\partial R} = - \frac{\beta}{(R + \delta)^2} Y$$

Multipliziert man diesen Ausdruck mit R/I erhält man für die Zinselastizität der Investitionsnachfrage:

$$\frac{\partial I}{\partial R}\frac{R}{I} = -\frac{R}{(R+\delta)^2}\frac{\beta Y}{I}$$

Einsetzen der angegebenen Werte in diesen Ausdruck ergibt eine Zinselastizität der Investitionen von -1,78. Demnach hat eine Erhöhung des Zinssatzes um einen Prozentpunkt eine Senkung der Investitionen von 38,5% zur Folge.

**Aufgabe 5:**

a) Nach Keynes hat die Konsumfunktion die Gestalt

$$C = a + b\,Y, \qquad\qquad a > 0, \quad 0 < b < 1,$$

wobei a den autonomen Konsum und b die marginale Konsumneigung darstellt. Die marginale Konsumneigung gibt an, wie stark der private Konsum auf eine marginale Einkommensänderung reagiert. Nach Keynes ist der Konsum C nur vom Einkommen Y der laufenden Periode abhängig.

b) Die durchschnittliche Konsumneigung ergibt sich als:

$$1989:\ \frac{C}{Y} = 0,713$$

$$1990:\ \frac{C}{Y} = 0,706$$

Die marginale Konsumneigung berechnet sich wie folgt:

$$\frac{\Delta C}{\Delta Y} = \frac{99,76}{156,16} = 0,64 \quad .$$

Gleichungssystem zur Anwendung der Cramer'schen Regel:

$$a + b\,Y_1 = C_1, \qquad \text{für 1989}$$
$$a + b\,Y_2 = C_2, \qquad \text{für 1990}$$

In Matrix-Schreibweise:

$$\begin{bmatrix} 1 & Y_1 \\ 1 & Y_2 \end{bmatrix} \begin{bmatrix} a \\ b \end{bmatrix} = \begin{bmatrix} C_1 \\ C_2 \end{bmatrix}$$

Somit erhält man:

$$a = \frac{C_1 Y_2 - C_2 Y_1}{Y_2 - Y_1} = 126,35$$

$$b = \frac{C_2 - C_1}{Y_2 - Y_1} = 0,64$$

**Aufgabe 6:**

a) Bei dem Prinzip der kleinsten Quadrate legt man eine Regressionsgerade derart durch eine Punktwolke, daß die Summe der quadrierten senkrechten Abstände der Beobachtungspunkte von dieser Geraden minimiert wird. Für die keynesianische Konsumfunktion gilt

$$C_t = a + b Y_t + u_t,$$

wobei $u_t$ die senkrechten Abweichungen der Punkte von der Geraden angibt. $u_t$ wird daher als Fehlerterm oder Residuum bezeichnet. Als Schätzer der wahren Parameter a und b werden nun die Werte $\tilde{a}$ und $\tilde{b}$ verwendet, bei denen die Summe der zugehörigen quadrierten senkrechten Abstände minimal ist. Formal gilt

$$\sum_{t=1}^{n} \tilde{u}_t^2 \equiv \min_{a,b} \sum_{t=1}^{n} u_t^2$$

(n ist der Beobachtungsumfang) und

$$Q \equiv \sum_{t=1}^{n} u_t^2 = \sum_{t=1}^{n} (C_t - a - b Y_t)^2 \ .$$

Die notwendigen Bedingungen für ein Minimum sind:

$$\frac{\partial Q}{\partial a} = -2 \sum_{t=1}^{n} (C_t - a - bY_t) = 0 \ ,$$

$$\frac{\partial Q}{\partial b} = -2 \sum_{t=1}^{n} (C_t - a - bY_t) \, Y_t = 0 \ .$$

Umformungen führen zu

$$an + b \sum_{t=1}^{n} Y_t = \sum_{t=1}^{n} C_t \ ,$$

$$a \sum_{t=1}^{n} Y_t + b \sum_{t=1}^{n} Y_t^2 = \sum_{t=1}^{n} C_t Y_t \ .$$

In Matrix-Schreibweise folgt daraus:

$$\begin{bmatrix} n & \sum_{t=1}^{n} Y_t \\ \sum_{t=1}^{n} Y_t & \sum_{t=1}^{n} Y_t^2 \end{bmatrix} \begin{bmatrix} a \\ b \end{bmatrix} = \begin{bmatrix} \sum_{t=1}^{n} C_t \\ \sum_{t=1}^{n} C_t Y_t \end{bmatrix}$$

Mit der Cramer'schen Regel erhalten wir folgende Lösungen:

$$\tilde{a} = \frac{\sum_{t=1}^{n} C_t \sum_{t=1}^{n} Y_t^2 - \sum_{t=1}^{n} C_t Y_t \sum_{t=1}^{n} Y_t}{n \sum_{t=1}^{n} Y_t^2 - \left( \sum_{t=1}^{n} Y_t \right)^2}$$

$$\tilde{b} = \frac{n \sum_{t=1}^{n} C_t Y_t - \sum_{t=1}^{n} Y_t \sum_{t=1}^{n} C_t}{n \sum_{t=1}^{n} Y_t^2 - \left( \sum_{t=1}^{n} Y_t \right)^2} \ .$$

b) $\quad \sum_{t=1}^{5} Y_t = 8\,230{,}78 \qquad\qquad\qquad \sum_{t=1}^{5} Y_t^2 = 13\,641\,339$

$$\sum_{t=1}^{5} C_t = 5\,869{,}80 \qquad\qquad \sum_{t=1}^{5} C_t Y_t = 9\,723\,326$$

Einsetzen dieser Summen in die in Teilaufgabe a) abgeleiteten Beziehungen für $\tilde{a}$ und $\tilde{b}$ ergibt folgende Parameterschätzungen:

Autonomer Konsum:                         $\tilde{a} = 89{,}76$

Marginale Konsumneigung:                  $\tilde{b} = 0{,}66$

Diese Ergebnisse unterscheiden sich von Aufgabe 5b), weil wir unterschiedliches (hier größeres) Datenmaterial in den Schätzprozeß einbeziehen. Die Schätzung kommt umso näher an die wahren Parameterwerte heran, je mehr Daten wir einbeziehen können.

**Aufgabe 7:**

Der Staatskonsum kann z.B. in Transfer- und Transformationsausgaben unterteilt werden. Unter *Transformationsausgaben* werden die Sach- und Personalausgaben des Staates subsumiert. Staatliche Sachausgaben haben einen direkten Effekt auf die Güternachfrage einer Volkswirtschaft. Die Personalausgaben des Staates stellen das Einkommen der beim Staat beschäftigten Wirtschaftssubjekte dar und beeinflussen die Güternachfrage einer Volkswirtschaft indirekt über den Konsum der Staatsbeschäftigten.

Unter *Transferausgaben* versteht man alle Zahlungen des Staates an Haushalte bzw. Unternehmen (Bsp.: Kindergeld, Sozialhilfe, Subventionen), die ohne direkte Gegenleistung gewährt werden. Transferausgaben an Haushalte erhöhen deren verfügbares Einkommen und damit entsprechend der keynesianischen Konsumfunktion auch deren Konsum. Transferausgaben an Unternehmen erhöhen deren Gewinn. Werden diese Gewinne ausgeschüttet, erhöht sich das Einkommen der an den Unternehmen beteiligten Haushalte. Einbehaltene Gewinne erhöhen die Möglichkeiten der Unternehmen, Investitionsvorhaben aus eigenen Mitteln zu finanzieren.

Neben den Transferausgaben kann der Staat den privaten Konsum bzw. die Investitionen über die Erhebung von Steuern beeinflussen. Beispielsweise verringert eine Erhöhung der Steuern das verfügbare Einkommen und damit gemäß der keynesianischen Konsumhypothese den Konsum. Hierbei kann man autonome Steuern und einkommensabhängige Steuern unterscheiden. Formal lassen sich die autonomen Steuern in der Konsumfunktion wie folgt darstellen:

$$C = C (Y - \bar{T}),$$

wobei $\bar{T}$ den Betrag der autonomen Steuer darstellt. Die Konsumfunktion unter Berücksichtigung einkommensabhängiger Steuern lautet

$$C = C (Y - tY),$$

wobei t den Einkommensteuersatz darstellt.

**Aufgabe 8:**

Aggregierter Konsum vor der Steuererhöhung:
$$C = 23,88 + 0,86 (2122,3 - 2122,3 \cdot 0,184) = 1513,23$$
Aggregierter Konsum nach der Steuererhöhung:
$$C = 23,88 + 0,86 (2122,3 - 2122,3 \cdot 0,198) = 1487,67$$
Ergebnis: Rückgang des Konsums um 25,56 Mrd. DM bzw. 1,69%.

**Aufgabe 9:**

a) Die 45°-Linie repräsentiert das Güterangebot der Unternehmen, das in diesem Fall als rein nachfragedeterminiert angenommen wird. Gleichgewicht herrscht in dem Punkt, in dem sie die geplante aggregierte Güternachfragekurve $Y^d$ schneidet. Punkt A in Abb. 2.7 kennzeichnet eine solche Situation, bei der sich ein Gleichgewichtseinkommen von $Y_1$ einstellt.

b) Eine Erhöhung der Staatsausgaben von $G_1$ auf $G_2$ führt zu einer Erhöhung der geplanten aggregierten Güternachfrage, sie verschiebt sich in Abb. 2.7 parallel nach oben von $Y_1^d$ auf $Y_2^d$. Ein neues Gütermarktgleichgewicht ergibt sich in Punkt B bei einem erhöhten aggregierten Einkommen $Y_2$. Bei einer Erhöhung der Investitionen und des autonomen Konsums kommt es zu qualitativ gleichen Wirkungen.

Abb. 2.7: Gütermarktgleichgewicht

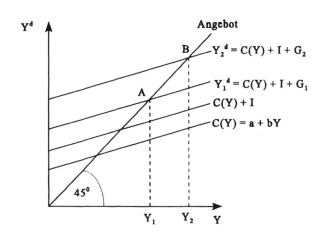

**Aufgabe 10:**

a) *Funktionen des Geldes:* siehe Kapitel 1, Aufgabe 11c.

Die Tauschmittelfunktion deutet darauf hin, daß Geld zur Deckung der laufenden Transaktionen eines Wirtschaftssubjekts benötigt wird. Die sich daraus ergebende Kassenhaltung wird üblicherweise als Transaktionskasse und Vorsichtskasse bezeichnet. Die Transaktionskasse ergibt sich dabei aus der Finanzplanung eines Wirtschaftssubjekts hinsichtlich derjenigen laufenden Aus- und Einzahlung, die mit Sicherheit bekannt sind. Die Haltung einer Vorsichtskasse ergibt sich aus der Notwendigkeit, unvorhergesehene Transaktionen finanzieren zu können.

Aus der Wertaufbewahrungsfunktion des Geldes läßt sich die sogenannte Spekulationskasse ableiten, der im keynesianischen Kontext eine zentrale Bedeutung beigemessen wird. Sie begründet dort die Zinsabhängigkeit der Geldnachfrage.

b) Es handelt sich um das keynesianische Modell zur Haltung von Spekulationskasse: Ein Individuum hat die Wahl zwischen zwei Anlageformen. Entweder es hält nur Kasse oder nur Wertpapiere, wobei die Geldhaltung unverzinslich und risikolos, Wertpapierhaltung dagegen verzinslich und mit dem Risiko von Kursverlusten verbunden ist.

Ein Individuum entscheidet sich für *Wertpapierhaltung,* wenn es eine positive Gesamtrendite erwartet, d.h. falls der Zinsertrag und der erwartete Kursverlust/-gewinn größer als Null ist. Ein Individuum entscheidet sich für *Geldhaltung,* wenn die Gesamtrendite der Wertpapierhaltung negativ ist, d.h. falls der erwartete Kursverlust größer ist als der Zinsertrag.

*Entscheidungskriterium* über Geld-/Wertpapierhaltung: Ermittlung eines kritischen Zinssatzes, bei dem die Gesamtrendite gleich null ist, d.h. der Zinsertrag gleich dem erwartetem Kursverlust ist.

*Formale Herleitung:*
Als Wertpapiere werden nur Bonds betrachtet, d.h. Wertpapiere mit unendlicher Laufzeit. Abkürzungen: R = Marktzins (effektiver Zins); $R^e$ = Zinserwartung; B = Kurswert der Bonds; $B^e$ = Erwarteter Kurswert; $Z^b$ = Feste nominale Zinszahlungen für Bonds; $GE^e$ = Gewinnerwartungen aus den Bonds.

$$GE^e = R + \frac{B^e - B}{B} = R + \frac{B^e}{B} - 1$$

Bei unendlicher Laufzeit gilt $B = \dfrac{Z^b}{R}$ und $B^e = \dfrac{Z^b}{R^e}$. Somit erhält man:

$$GE^e = R + \frac{\dfrac{Z^b}{R^e}}{\dfrac{Z^b}{R}} - 1 = R + \frac{R}{R^e} - 1$$

Der kritischer Zins $R_{krit}$ ist derjenige Zins, bei dem die erwartete Gesamtrendite $GE^e = 0$ ist:

$$GE^e = R + \frac{R}{R^e} - 1 = 0 \ , \qquad R = 1 - \frac{R}{R^e} \ ,$$

$$1 = \frac{1}{R} - \frac{1}{R^e} \ , \qquad \frac{1}{R} = 1 + \frac{1}{R^e} = \frac{R^e + 1}{R^e}$$

$$R = \frac{R^e}{1 + R^e} \equiv R_{krit}$$

Das Individuum entscheidet sich für Wertpapierhaltung, wenn $R > R_{krit}$, da in diesem Fall $GE^e > 0$ (Zinsertrag größer als erwarteter Kursverlust). Das Individuum entscheidet sich für Geldhaltung, wenn $R < R_{krit}$, da in diesem Fall $GE^e < 0$ (erwarteter Kursverlust größer als Zinsertrag). Dies wird in Abb. 2.8 (a) veranschaulicht.

Da unterstellt wird, daß alle Wirtschaftssubjekte individuell unterschiedliche Zinserwartungen haben, existieren auch unterschiedliche kritische Zinssätze $R_{krit}$ (Abb. 2.8 (b)). Durch Aggregation aller individuellen Geldnachfragefunktionen ergibt sich die gesamtwirtschaftliche Nachfrage nach Spekulationskasse als fallende Funktion des Zinssatzes (Abb. 2.8 (c)), denn je niedriger der Marktzins $R$ ist, für umso mehr Individuen gilt $R < R_{krit}$, so daß von diesen dann nur Geld gehalten wird.

Erwarten alle Wirtschaftssubjekte fallende Zinsen, so sinkt $R^e$ und damit auch $R_{krit}$ für alle Wirtschaftssubjekte. Bei jedem Marktzins fragen nun jeweils weniger Wirtschaftssubjekte Geld nach, d.h. die gesamtwirtschaftliche Nachfrage nach Spekulationskasse ist bei jedem Marktzins $R$ geringer, die Nachfragekurve verschiebt sich nach links, obwohl die Bundesbank nur *ankündigt*, die Geldmenge zu erhöhen.

Abb. 2.8: Spekulationskasse und Geldnachfrage
(a) Individuelle Nachfragefunktion

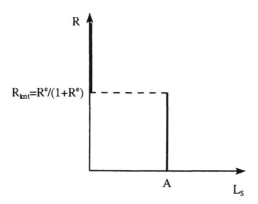

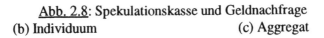

Abb. 2.8: Spekulationskasse und Geldnachfrage
(b) Individuum                              (c) Aggregat

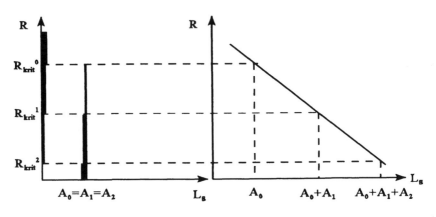

A = Anlagebetrag     $L_S$ = Spekulationskassennachfrage

**Aufgabe 11:**

a) Die gesamtwirtschaftliche Geldnachfrage als Summe von Transaktions- und
   Spekulationskasse ergibt sich im Geldmarktdiagramm als fallende Funktion
   des Zinssatzes (Abb. 2.9). Das Geldangebot sei von der Zentralbank exogen
   vorgegeben und somit vom Zins unabhängig, so daß es als senkrechte
   Gerade darzustellen ist. Das Gleichgewicht stellt sich im Schnittpunkt
   beider Kurven ein.

Abb. 2.9: Geldmarktgleichgewicht

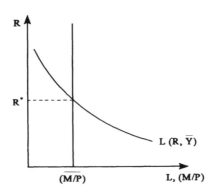

b) Ein höheres Zinsniveau ergibt sich aus einer exogenen Verringerung der Geldmenge, einer exogenen Erhöhung des Einkommens oder einem exogenen Anstieg der Liquiditätspräferenzen.

Eine exogene Reduktion der Geldmenge bedeutet eine Verschiebung des Geldangebots von $\overline{M}_1$ nach links auf $\overline{M}_2$ (Abb. 2.10), es kommt zu einer Überschußnachfrage nach Geld. Da die Geldnachfrager zunächst das Verhältnis von Geld und Wertpapieren beibehalten wollen, kommt es zu einem erhöhten Angebot an Wertpapieren. Bei gegebener Nachfrage resultiert daraus ein Wertpapierangebotsüberschuß mit der Folge sinkender Kurse und damit steigender Zinsen. Bei gegebenem Einkommen kommt es durch eine Geldmengenreduktion somit zu einem Zinsanstieg. Der Zinsanstieg hat zur Folge, daß die Geldnachfrage sinkt. Das neues Gleichgewicht stellt sich beim Zinsniveau $R_2$ ein.

Abb. 2.10: Geldmengenreduktion und Geldmarktgleichgewicht

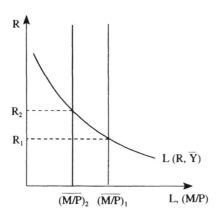

Eine exogene Erhöhung des Einkommens von $Y_1$ auf $Y_2$ bewirkt eine Verschiebung der Geldnachfragefunktion nach rechts von $L_1$ auf $L_2$ (Abb. 2.11). Je höher das Einkommen, umso höher ist auch die Geldnachfrage. Die Geldnachfrager wollen das Verhältnis von Wertpapieren und Geld zugunsten von Geld ändern. Dadurch fallen die Wertpapierkurse, d.h. die Zinsen steigen. Bei gegebenem Geldangebot kommt es durch eine Einkommenserhöhung zu einer Zinserhöhung.

Abb. 2.11: Einkommenserhöhung und Geldmarktgleichgewicht

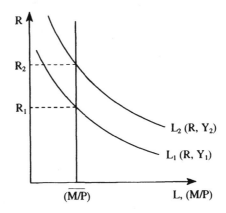

# Kapitel 3: Das statische Makromodell

## 3.1 Übungsaufgaben

**Aufgabe 1:**

Die Volkswirtschaft des Landes A kann durch das folgende Modell des Gütermarktes vollständig beschrieben werden:

$$Y^d = C + I_0 + G$$
$$Y^d = Y$$
$$C = a + b\,Y = 100 + 0,5\,Y$$
$$I_0 = 500$$
$$G = 100$$

Dabei bezeichnet $Y^d$ die geplante aggregierte Nachfrage, Y das Einkommen
bzw. die Produktion, C den Konsum, $I_0$ die exogen gegebenen Investitionen und
G die Staatsausgaben.

a) Unter welchen Bedingungen ist eine solche Beschreibung adäquat?

b) Erläutern Sie die Gleichungen näher. Gehen Sie dabei auf die vorliegenden
   Gleichungstypen ein und erklären Sie, warum es sich um ein keynesianisches
   Modell handelt.

c) Erklären Sie das Konzept der marginalen Konsumneigung. Was sagt sie im
   vorliegenden Fall aus?

d) Berechnen Sie das Gleichgewichtseinkommen Y* der Volkswirtschaft.

e) Stellen Sie die Gleichgewichtslösung des Modells graphisch dar und geben
   Sie eine detaillierte Erläuterung.

**Aufgabe 2:**

a) Die Regierung des Landes A (siehe Aufgabe 1) beschließt, die Staatsausgaben von 100 auf 200 Geldeinheiten zu erhöhen. Geben Sie eine verbale
   und graphische Beschreibung der Auswirkungen dieser Maßnahme.

b) Berechnen Sie den Staatsausgabenmultiplikator. Um welchen Betrag erhöht
   sich das Gleichgewichtseinkommen Y* aufgrund der Staatsausgabenerhöhung?

c) Die Volkswirtschaft des Landes B unterscheidet sich von A nur durch eine
   höhere marginale Konsumneigung von 0,8. Vergleichen Sie die Wirksamkeit
   einer Staatsausgabenerhöhung in beiden Ländern. Begründen Sie Ihr Ergebnis verbal, graphisch und algebraisch.

**Aufgabe 3:**
Die ökonomische Aktivität des Landes C sei durch folgendes Modell des Gütermarktes beschrieben:

$$Y^d = C + I_0 + G$$
$$Y^d = Y$$
$$C = a + b\,(Y - T), \qquad \text{mit } 0 < b < 1 \text{ und } a > 0.$$

Die Variablenbezeichnung folgt dabei unseren Konventionen. Ferner ist T das
Steueraufkommen, das exogen mit $T = T_0$ festgelegt ist. $I_0$ und G seien exogen
gegeben.

a) Bestimmen Sie das Gleichgewichtseinkommen $Y^*$ der Ökonomie.

b) Die Regierung des Landes C beschließt eine Staatsausgabenerhöhung, die
   voll durch eine Erhöhung des Steueraufkommens T finanziert werden soll.
   Berechnen Sie den Effekt dieser Maßnahme auf das Gleichgewichtseinkommen $Y^*$ und interpretieren Sie Ihr Ergebnis.

c) Es sei nun angenommen, daß sich das Steueraufkommen T aus einer autonomen Steuerzahlung $T_0$ und einer einkommensabhängigen Steuerzahlung mit
   einem Einkommenssteuersatz t $(0 < t < 1)$ zusammensetzt. Leiten Sie den
   Staatsausgabenmultiplikator ab und erläutern Sie, wie sich eine Erhöhung
   des Einkommenssteuersatzes t auf diesen Multiplikator auswirkt.

d) Berechnen Sie analytisch die Wirkung einer Veränderung des Steuersatzes t
   auf das Gleichgewichtseinkommen.

e) Analysieren Sie für das Steuersystem aus Teilaufgabe c), welche Wirkungen
   sich bei Finanzierung aus Kopfsteuern für Sozialprodukt und Steueraufkommen ergeben.

**Aufgabe 4:**
Die Volkswirtschaft des Landes D sei durch ein einfaches keynesianisches
Modell des Gütermarktes beschrieben. Die Höhe der getätigten Investitionen I
hängt negativ vom Zinssatz R und positiv vom Output Y ab. Die Steuerzah-
lungen $T_0$ sind exogen vorgegeben. Die Zentralbank kann das geltende Zinsniveau R durch expansive oder kontraktive Geldpolitik kontrollieren.

a) Die Zentralbank möchte das Sozialprodukt erhöhen. Soll sie das Zinsniveau
   erhöhen oder senken? Begründen Sie Ihre Antwort analytisch und mit Hilfe
   einer Graphik. Welche Annahme ist für ein stabiles Gleichgewicht (und
   damit für die Anwendbarkeit der komparativ-statischen Analyse) notwendig?

b) Die Regierung des Landes entschließt sich zu einer steuerfinanzierten Staatsausgabenerhöhung. Berechnen Sie den dazugehörigen Multiplikator und vergleichen Sie Ihr Ergebnis mit dem von Aufgabe 3b).

c) Zur Erreichung von Vollbeschäftigung ist eine Erhöhung des Outputs von dY nötig. Welche geld- oder fiskalpolitische Maßnahmen sind erforderlich, um jeweils das gleiche Ergebnis zu erhalten? (Benutzen Sie in Ihrer Analyse die Ergebnisse aus den Teilaufgaben 4a) und 4b).)

d) Ein neues Gutachten eines Forschungsinstituts belegt, daß die privaten Konsumausgaben negativ vom Zinsniveau abhängen. Was könnte eine Begründung dafür darstellen? Welche Konsequenzen hat dies für die Politikanalysen in Aufgaben a) - c)?

**Aufgabe 5:**

Die wirtschaftlichen Bedingungen eines Landes werden durch die folgenden Gleichgewichtsbeziehungen für Geld- und Gütermarkt beschrieben:

$$Y = C\,(Y) + I\,(R) + G \qquad \text{mit } C_Y > 0,\ I_R < 0$$
$$M/P = L\,(Y, R) \qquad \text{mit } L_Y > 0,\ L_R < 0 \text{ und } P = 1$$

Dabei stellen M das exogen gegebene Geldangebot, P das (konstante) Preisniveau und L die Geldnachfrage dar. Die restlichen Bezeichnungen folgen unseren Konventionen.

a) Zeigen Sie graphisch, wie die IS-Kurve aus dem Gütermarktdiagramm hergeleitet werden kann.

b) Leiten Sie graphisch die LM-Kurve aus dem Geldmarktdiagramm ab.

c) Skizzieren Sie das gesamtwirtschaftliche Gleichgewicht graphisch und berechnen Sie die Steigungen der IS- und LM-Kurven. Erläutern Sie alle potentiellen Ungleichgewichtsituationen und zeigen Sie, wie die Anpassung an ein Gleichgewicht erfolgt.

**Aufgabe 6:**

a) Um die Wirtschaft anzukurbeln, beschließt die Regierung des Landes aus Aufgabe 5 expansive Fiskalpolitik zu betreiben. Zeigen Sie graphisch und analytisch, welchen Einfluß diese politische Maßnahme auf das Gleichgewichtseinkommen Y* und den Gleichgewichtszinssatz R* hat.

b) Vergleichen Sie graphisch den in Teilaufgabe a) abgeleiteten Effekt der expansiven Fiskalpolitik auf das Gleichgewichtseinkommen mit dem Effekt derselben Maßnahme in einem einfachen Gütermarktmodell und erläutern Sie Ihr Ergebnis.

c) Zeigen Sie graphisch und analytisch, welche Wirkung expansive Geldpolitik auf das Gleichgewichtseinkommen Y* und den Gleichgewichtszinssatz R* hat.

## Aufgabe 7:

Folgende Situation wird am Kabinettstisch diskutiert: Es herrscht unvollständige Kapazitätsauslastung und Preisniveaustabilität. Der Arbeitsminister plädiert deshalb für eine Erhöhung der Staatsausgaben. Diesen Vorschlag findet der Finanzminister nicht gut und begründet dies mit den damit verbundenen Crowding-Out-Effekten. Nun meldet sich der Wirtschaftsminister zu Wort und meint, daß diese Effekte vermieden werden können, wenn diese Politik durch geldpolitische Maßnahmen unterstützt wird. Der Kanzler findet an dem Vorschlag Gefallen und beauftragt den Wirtschaftsminister, die dafür nötige Geldmengenänderung auszurechnen, um in Verhandlungen über eine Unterstützung durch die Zentralbank einzutreten. Lösen Sie die Aufgabe des Wirtschaftsministers mithilfe der Cramer'schen Regel und gehen Sie dabei von Rahmenbedingungen wie in Aufgabe 5 aus.

## Aufgabe 8:

Gegeben sei eine Volkswirtschaft mit festen Preisen und folgenden Gleichgewichtsbedingungen für den Güter- und Geldmarkt:

$$Y = C (Y - T_0) + I (R) + G \qquad \text{mit } 0 < C_Y < 1, I_R < 0,$$
$$M/P = L (R, Y) \qquad \text{mit } L_Y > 0, L_R < 0 \text{ und } P = 1.$$

$T_0$ bezeichnet die autonomen Steuern. In dieser Volkswirtschaft wird nun beschlossen, expansive Fiskalpolitik zu betreiben.

a) Es wird erwogen, die Erhöhung der Staatsausgaben entweder vollständig durch Steuereinnahmen oder durch Kreditaufnahme zu finanzieren. Berechnen Sie die Effekte beider Maßnahmen auf das Gleichgewichtseinkommen und erklären Sie mögliche Unterschiede.

b) Unterstellen Sie für diese Volkswirtschaft nun folgende Investitionsfunktion:

$$I = I (R, Y) \text{ mit } I_R < 0 \text{ und } I_Y > 0.$$

Leiten Sie die Effekte einer steuerfinanzierten Staatsausgabenerhöhung auf das Volkseinkommen ab und vergleichen Sie Ihr Ergebnis mit den Befunden aus Teilaufgabe a).

## Aufgabe 9:

In einer Volkswirtschaft mit festen Preisen herrscht Unterbeschäftigung. Gehen Sie von einem Modellrahmen wie in Aufgabe 8a) aus. Bereits mehrmals ist die

Zentralbank mit ihrem Versuch gescheitert, mit einer Erhöhung der Geldmenge den Zins zu senken. In dieser Situation schlägt der Wirtschaftsminister eine steuerfinanzierte Staatsausgabenerhöhung vor und verspricht ein im Umfang der Staatsausgabenerhöhung erhöhtes Sozialprodukt.

a) Erläutern Sie verbal und graphisch die möglichen Ursachen der Unwirksamkeit expansiver Geldpolitik bezüglich des Outputs. Welche wird hier vorliegen?

b) Erläutern Sie analytisch, graphisch und verbal die Wirkungen des Vorschlags des Wirtschaftsministers auf Output und Zinsniveau.

## Aufgabe 10:

Gegeben ist eine Ökonomie, in der Änderungen der realen Geldmenge Auswirkungen auf die Konsumnachfrage haben. Diese Ökonomie sei durch folgende Gleichungen charakterisiert:

$$Y = C\,(Y, M/P) + I\,(R) + G \qquad \text{mit } 0 < C_Y < 1,\, 0 < C_{M/P} < 1,\, I_R < 0$$
$$M/P = L\,(R, Y) \qquad \text{mit } L_Y > 0,\, L_R < 0.$$

a) Zeigen Sie mithilfe geeigneter Multiplikatoranalysen den Einfluß expansiver Geld- und Fiskalpolitik auf das Gleichgewichtseinkommen.

b) Erläutern Sie mit Hilfe der in Teilaufgabe a) abgeleiteten Multiplikatoren verbal und graphisch, in welchen Situationen der Pigou-Effekt für die Effizienz der Geldpolitik im Vergleich zum herkömmlichen IS/LM-Modell von Bedeutung ist.

## Aufgabe 11:

In der Makroökonomik existieren kontroverse Aussagen hinsichtlich der Wirksamkeit von Geld- und Fiskalpolitik. Während Fiskalisten die Ansicht vertreten, nur Fiskalpolitik wäre geeignet, das Outputniveau zu verändern, sind Monetaristen der Meinung, daß nur Geldpolitik reale Wirkungen haben kann und Fiskalpolitik dagegen vollkommen unwirksam ist.

a) Erläutern Sie graphisch und verbal im Rahmen des Geld- und Gütermarktmodells, von welchen Annahmen Fiskalisten und Monetaristen dabei jeweils ausgehen müssen.

b) Nehmen Sie an, eine empirische Untersuchung hätte den Standpunkt der Monetaristen bestätigt. Vergleichen Sie für diesen Fall mithilfe geeigneter Multiplikatoren die Wirkung expansiver Geld- und Fiskalpolitik.

**Aufgabe 12:**
Eine Modellvolkswirtschaft sei durch Güter-, Geld- und Arbeitsmarkt vollständig charakterisiert. Die Preise sind völlig flexibel und werden korrekt antizipiert. Die Arbeitnehmer unterliegen nicht der Geldillusion. Die Regierung dieser Ökonomie entscheidet sich für eine Erhöhung der Staatsausgaben.

a) Erläutern Sie die Ihnen wichtig erscheinenden Modellannahmen und -gleichungen.

b) Zeigen Sie graphisch die Auswirkungen einer expansiven Fiskalpolitik auf die gesamtwirtschaftliche Nachfragekurve dieser Ökonomie.

c) Analysieren Sie graphisch und verbal die Auswirkungen der expansiven Fiskalpolitik auf Output, Preisniveau und Beschäftigung.

d) Ändert sich das Ergebnis in Teilaufgabe c), wenn Sie Geldillusion der Arbeitnehmer unterstellen?

e) Welche Beziehung ergibt sich für die gesamtwirtschaftliche Angebotskurve der in Kapitel 2, Aufgabe 3 beschriebenen Volkswirtschaft? Erläutern Sie das Ergebnis.

**Aufgabe 13:**
In Aufgabe 11 dieses Kapitels wurden die kontroversen Ansichten von Fiskalisten und Monetaristen für den Fall fester Preise behandelt. Gehen Sie nun von flexiblen Preisen aus und erläutern Sie die unterschiedlichen Ansichten beider Denkrichtungen graphisch und verbal. Unterstellen Sie Geldillusion der Arbeitnehmer.

**Aufgabe 14:**
Die aggregierte Arbeitsangebotsfunktion einer Volkswirtschaft sei durch folgende Gleichung charakterisiert:

$$w = P^{e\alpha}\, g(N) \text{ mit } P^e = P^\gamma, \gamma > 0.$$

a) Interpretieren Sie diese Arbeitsangebotsfunktion.

b) Analysieren Sie graphisch und verbal die Auswirkungen einer expansiven Fiskalpolitik auf Output, Preisniveau und Beschäftigung für $\gamma < 1$. Unterstellen Sie dabei Freiheit von Geldillusion.

**Aufgabe 15:**
In Rußland wurden zur Abschwächung der Folgen des Übergangs von einer Zentralwirtschaft in eine Marktwirtschaft Mindestlöhne eingeführt, die für *alle* Bürger gelten. Die Bürger Rußlands bilden aufgrund ihrer mangelnden Erfah-

rung mit den neuen wirtschaftlichen Gegebenheiten falsche Preiserwartungen und unterliegen gleichzeitig der Geldillusion.

a) Aufgrund der hohen Inflationsrate wird von der Zentralbank Rußlands eine Senkung der Geldmenge gefordert. Analysieren Sie graphisch und verbal, welche Auswirkungen eine restriktive Geldpolitik auf das Einkommen, das Preisniveau und die Beschäftigung Rußlands hätte. Ändert sich Ihr Ergebnis, wenn Sie vollkommene Preiserwartungen und Freiheit von Geldillusion annehmen?

b) Im Januar 1995 diskutierte die Staatsduma Rußlands die Erhöhung der Mindestlöhne. Zeigen Sie, welche Folgen Sie durch diese Maßnahme auf das Einkommen, die Beschäftigung und das Preisniveau erwarten.

**Aufgabe 16:**

Die Bekämpfung der Arbeitslosigkeit ist zu dem zentralen Thema in der wirtschaftspolitischen Diskussion geworden. Im folgenden sollen Sie einige Vorschläge zur Verbesserung der Beschäftigungssituation ökonomisch untersuchen und bewerten. Gehen Sie dabei jeweils von einer Volkswirtschaft aus, in der Löhne und Preise flexibel sind und die Wirtschaftssubjekte nicht der Geldillusion unterliegen.

a) Von der Bundesregierung wird der Abbau des Solidaritätszuschlags gefordert, um die private Konsumnachfrage zu erhöhen. Zeigen Sie graphisch und verbal, unter welchen Voraussetzungen diese Strategie zu einer Erhöhung von Beschäftigung und Output führen kann.

b) Von einigen Wirtschaftsexperten wird behauptet, eine Förderung des Kapitalstockwachstums würde positive Effekte auf die Beschäftigung zur Folge haben. Beurteilen Sie diese Aussage unter der Annahme, daß die Wirtschaftssubjekte korrekte Preiserwartungen haben.

c) Der von den Tarifparteien ausgehandelte Ecklohn fungiert in vielen Bereichen des Arbeitsmarktes als Mindestlohn. Analysieren Sie, ob das Angebot der Gewerkschaften, den Nominallohn nicht an den Produktivitätsfortschritt anzupassen, zu einer Verbesserung der Beschäftigungssituation führen kann.

**Aufgabe 17:**

Der Staat ergreift Maßnahmen zur Steigerung der gesamtwirtschaftlichen Nachfrage.

a) Unter welchen Arbeitsmarktbedingungen wird eine solche Politik wirksam sein?

b) Lassen sich unerwünschte Preisniveaueffekte vermeiden? Begründen Sie Ihre Antwort graphisch.

## 3.2 Lösungen

**Aufgabe 1:**

a) Die ökonomische Aktivität einer geschlossenen Volkswirtschaft kann nur dann durch dieses keynesianische Modell adäquat beschrieben werden, wenn die Produktionskapazitäten der Unternehmen nicht voll ausgelastet sind. Aufgrund dieser Unterauslastung werden die Unternehmen ihre Güterpreise nicht erhöhen, um einen Ausgleich zwischen Angebot und Nachfrage zu schaffen. Vielmehr wird von Mengenanpassung und festen Preisen ausgegangen. Die Nachfragebedingungen werden als zentral für die Probleme der Volkswirtschaft angesehen, während die Angebotsseite nicht modelliert wird. Zudem liegt dem keynesianischen Modell eine kurz- bis mittelfristige Analyse zugrunde, da der Kapazitätseffekt der Investitionen vernachlässigt wird. Das Zinsniveau der Volkswirtschaft wird von der Zentralbank entweder konstant gehalten oder die Investitionen werden als vom Zinssatz unabhängig unterstellt.

b) Erläuterung der Gleichungen (siehe auch Kapitel 1, Aufgabe 7b):
   - $Y^d = C + I_0 + G$ ist eine Definitionsgleichung. Die Gleichung sagt aus, daß sich die geplante aggregierte Nachfrage $Y^d$ aus der privaten Konsumnachfrage C, der Investitionsnachfrage $I_0$ und der Staatsnachfrage G zusammensetzt.
   - $Y^d = Y$ ist die Gleichgewichtsbedingung des Modells. In diesem Beispiel bedeutet die Bedingung $Y^d = Y$, daß im Gleichgewicht die geplante aggregierte Güternachfrage $Y^d$ und Output bzw. Einkommen Y übereinstimmen müssen.
   - Die restlichen Gleichungen sind Verhaltensgleichungen. Aus $C = 100 + 0{,}5\,Y$ folgt, daß sich der private Konsum aus dem autonomen Konsum in Höhe von 100 Geldeinheiten und einer einkommensabhängigen Komponente zusammensetzt. Die letzten beiden Gleichungen halten fest, daß die Investitionen $I_0$ bzw. die Staatsausgaben G exogen gegeben sind.
   Bei dem beschriebenen Modell handelt es sich aus folgenden Gründen um

ein keynesianisches Modell:
- das Outputniveau Y ist nachfragedeterminiert ($Y^d = Y$), d.h. es wird von einem Mengenanpassungsverhalten der Unternehmen ausgegangen.
- $C = a + b\,Y$ beschreibt eine keynesianische Konsumfunktion.

c) Unter der marginalen Konsumneigung versteht man die erste Ableitung der Konsumfunktion nach dem Einkommen. Sie gibt an, wie stark der private Konsum auf eine marginale Einkommensänderung reagiert. In dem beschriebenen Modell nimmt die marginale Konsumneigung einen Wert von 0,5 an, d.h. eine Erhöhung des Einkommens Y um eine Geldeinheit impliziert eine Erhöhung des privaten Konsums um 0,5 Geldeinheiten.

d) Einsetzen der Verhaltensgleichungen in die Definitionsgleichung ergibt zusammen mit der Gleichgewichtsbedingung
$$Y^d = 100 + 0{,}5\,Y + 500 + 100 = Y.$$
Auflösen nach Y führt zum Gleichgewichtseinkommen $Y^* = 1400$.

e)      Abb. 3.1: Das keynesianische Gütermarktgleichgewicht

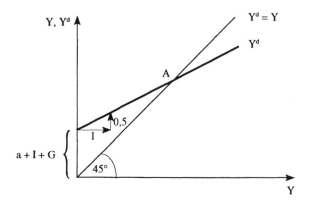

*Erläuterung der Abb. 3.1:*
- Die 45°-Linie repräsentiert das Güterangebot der Unternehmer. Für alle Punkte dieser Geraden kann Gleichheit zwischen geplanter aggregierter Güternachfrage $Y^d$ und Output bzw. Einkommen Y entstehen. Insoweit sind alle Punkte potentielle Gleichgewichtspunkte auf dem Gütermarkt.
- Die autonomen Größen (der autonome Konsum in Höhe von 100 GE, die Investitionen in Höhe von 500 GE und die Staatsausgaben in Höhe von 100 GE) determinieren zusammen den Ordinatenabschnitt.

- Die Steigung der $Y^d$-Kurve entspricht der marginalen Konsumneigung (0,5). Die Steigung der $Y^d$-Kurve muß kleiner als 1 sein, damit ein Gleichgewicht existiert. Wäre die Steigung größer 1, so könnten sich beide Kurven nicht schneiden.
- Eine Veränderung der autonomen Größen verschiebt die $Y^d$-Kurve.
- Auf allen Punkten der $Y^d$-Kurve, die links (rechts) vom Gleichgewicht in Punkt A liegen, herrscht Überschußnachfrage (Überschußangebot) auf dem Gütermarkt.
- Das Gleichgewicht am Gütermarkt befindet sich im Schnittpunkt der $Y^d$-Kurve mit der $45^0$-Linie.

**Aufgabe 2:**

a)  <u>Abb. 3.2</u>: Expansive Fiskalpolitik im keynesianischen Gütermarktmodell

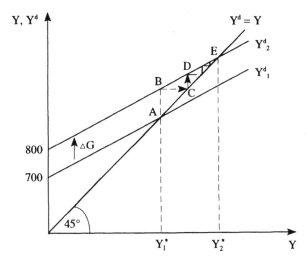

Die Staatsausgabenerhöhung impliziert eine Erhöhung der aggregierten Güternachfrage $Y^d$. In <u>Abb. 3.2</u> verschiebt sich die $Y^d$-Kurve von $Y^d_1$ nach $Y^d_2$ und bewirkt einen temporären Nachfrageüberschuß (Punkt B). Aufgrund des unterstellten Mengenanpasserverhaltens der Unternehmen erhöht sich der Output Y (= Einkommen) der Volkswirtschaft (Bewegung von Punkt B nach Punkt C). Die Erhöhung des Einkommens Y hat eine Erhöhung des privaten Konsums C (in Höhe von $0,5 \cdot \Delta Y$) zur Folge (Bewe-

gung von Punkt C nach Punkt D). Der dadurch entstehende Nachfrageüberschuß impliziert über das Mengenanpasserverhalten der Unternehmen wiederum eine Erhöhung des Outputs Y. Das gestiegene Einkommen führt
erneut zu einer Zunahme der Konsumausgaben. Der Prozeß setzt sich solange fort, bis ein neues Gleichgewicht erreicht ist (Punkt E).

b) *Berechnung des Staatsausgabenmultiplikators:*
Es gilt:                                    $Y = a + b\,Y + I_0 + G.$
Auflösen nach Y ergibt:              $(1 - b)\,Y = a + I_0 + G.$
Bildung des totalen Differentials ergibt:   $(1-b)\,dY = da + dI_0 + dG.$
Für da = dI = 0 erhält man:          $dY\,/\,dG = 1\,/\,(1-b) = 1\,/\,0{,}5 = 2$
Es ergibt sich ein Staatsausgabenmultiplikator in Höhe von 2, d.h. eine
Erhöhung der Staatsausgaben um 100 GE hat eine Einkommenserhöhung
von $dY = 2\,dG = 200$ GE zur Folge.

c)     <u>Abb. 3.3</u>: Marginale Konsumneigung und expansive Fiskalpolitik

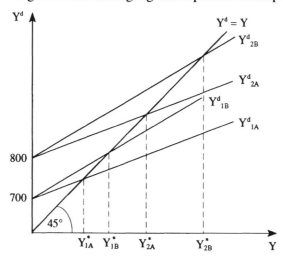

Die marginale Konsumneigung bestimmt die Steigung der $Y^d$-Kurve. Je
höher die marginale Konsumneigung, desto geringer ist der Sickerverlust
über die Ersparnis und desto steiler ist die $Y^d$-Kurve. Anders ausgedrückt,
dem Multiplikatorprozeß wird in jedem Schritt umso weniger Einkommen
entzogen, je größer der Betrag ist, der von einer zusätzlichen Geldeinheit
Einkommen für zusätzlichen Konsum verwendet wird. Im Falle einer steile-

ren $Y^d$-Kurve ist die Wirkung des Multiplikatorprozesses daher größer und
der Effekt der Staatsausgabenerhöhung auf das erwirtschaftete Einkommen
höher als bei einer vergleichsweise niedrigeren marginalen Konsumneigung.
Eine Veranschaulichung dieses Zusammenhanges findet sich in Abb. 3.3.
Für das Land B ergibt sich ein Staatsausgabenmultiplikator von dY / dG =
5, d.h. das Einkommen Y erhöht sich bei einer Staatsausgabenerhöhung von
100 GE um 500 GE.

**Aufgabe 3:**

a) Einsetzen der ersten und dritten Gleichung in die Gleichgewichtsbedingung
   ergibt folgendes Gleichgewichtseinkommen:
   $$Y^* = (a - bT_0 + I_0 + G) / (1 - b).$$

b) Totale Differentation des in Teilaufgabe a) bestimmten Gleichgewichtseinkommens $Y^*$ ergibt:
   $$dY^* = (da - bdT_0 + dI_0 + dG) / (1 - b).$$
   Für $da = dI_0 = 0$ und $dT_0 = dG$ erhält man für eine steuerfinanzierte Staatsausgabenerhöhung folgenden Multiplikator:

   $$\left. \frac{dY}{dG} \right|_{dG = dT} = \frac{1 - b}{1 - b} = 1.$$

Dieser Multiplikator zeigt, daß eine ausschließlich über Steuern finanzierte
Erhöhung der Staatsausgaben zu einer Erhöhung des Einkommens Y um
genau den Betrag der Staatsausgabenerhöhung führt. Dieses Ergebnis ist
auch als *Haavelmo-Theorem* bekannt und kann wie folgt ökonomisch begründet werden: Jede Einheit zusätzlicher Staatsausgaben führt im ersten
Schritt zu einer Erhöhung der Gesamtnachfrage um genau eine Einheit. Die
zusätzlichen Multiplikatoreffekte der Staatsausgabenerhöhung, die als
Einkommenssteigerung über den Konsum der privaten Haushalte wirken
(vgl. Aufgabe 2a), werden durch die einkommensreduzierende Wirkung der
Steuererhöhung exakt aufgehoben.

c) Es gilt nun folgende zusätzliche Verhaltensgleichung für das Steueraufkommen T:

$$T = T_0 + tY.$$

Berücksichtigt man diese Verhaltensgleichung in dem gegebenen Modell, so errechnet sich folgendes Gleichgewichtseinkommen:

$$Y^* = (a - bT_0 + I_0 + G) / (1 - b(1 - t)).$$

Bildet man für diese Gleichung das totale Differential, ergibt sich für $dT_0 = dI_0 = da = 0$ folgender Staatsausgabenmultiplikator:

$$dY / dG = 1 / (1 - b(1 - t)).$$

Aus dieser Gleichung ist zu erkennen, daß der Effekt einer Staatsausgabenerhöhung auf das Einkommen Y umso schwächer ist, je größer der Einkommenssteuersatz t ist. Der Grund hierfür liegt darin, daß dem Multiplikatorprozeß über die einkommensabhängige Steuer in jedem Schritt Einkommen entzogen wird, d.h. die einkommensabhängige Steuer stellt neben der Ersparnis einen zweiten Sickerverlust dar.

d) $$\frac{dY^*}{dt} = -\frac{b(a - bT_0 + I_0 + G)}{[1 - b(1 - t)]^2} < 0$$

e) Bildet man das totale Differential des in Aufgabe 3c) abgeleiteten Gleichgewichtseinkommens, so ergibt sich für $dT_0 = dG$ folgender Multiplikator für eine steuerfinanzierte Staatsausgabenerhöhung:

$$\left.\frac{dY}{dG}\right|_{dG = dT} = \frac{1 - b}{1 - b(1 - t)} < 1 .$$

Dieser Multiplikator ist kleiner als 1, d.h. das Haavelmo-Theorem (siehe Aufgabe 3b)) ist in diesem Fall nicht erfüllt. Die Ursache hierfür liegt in den einkommensabhängigen Steuern, die dem Multiplikatorprozeß in jedem Schritt über die Ersparnis hinaus Einkommen entziehen.

Für die Entwicklung der Steuereinnahmen ergibt sich

$$dT = dT_0 + tdY = dG + tdY = \frac{1 - b + t}{1 - b + bt} dG ,$$

bzw.

$$\frac{dT}{dG} = \frac{1 - b + t}{1 - b + bt} > 1 .$$

Es zeigt sich, daß in diesem Fall die zusätzlichen Steuereinnahmen aufgrund

der einkommensabhängigen Steuer die zusätzlichen Staatsausgaben übersteigen.

**Aufgabe 4:**

a) Es gilt folgende Gleichgewichtsbedingung für den Gütermarkt:
   $$Y = Y^d = C (Y - T_0) + I (R, Y) + G, \text{ mit } 0 < C_y < 1, I_R < 0 \text{ und } I_Y > 0.$$
   R ist dabei ein vorgegebener Zinssatz, der durch die Geldpolitik der Zentral-
   bank beeinflußt werden kann.
   *Analytische Lösung:*
   Das totale Differential der Gleichgewichtsbedingung lautet
   $$dY = C_Y \, dY - C_Y \, dT_0 + I_R \, dR + I_Y \, dY + dG.$$
   Auflösen nach $dY / dR$ ergibt für $dT_0 = dG = 0$ den Multiplikator

   $$\frac{dY}{dR} = \frac{I_R}{1 - C_Y - I_Y} < 0 \,,$$

   wobei Voraussetzung für Stabilität ist, daß $C_Y + I_Y < 1$ gilt.
   Da die Investitionen negativ vom Zinssatz abhängen, führt eine Erhöhung
   (Senkung) des Zinssatzes zu einer Reduktion (Erhöhung) der Investitionsgüternachfrage. Die von der Zentralbank gewünschte Erhöhung des Einkommens Y ergibt sich nur dann, wenn die aggregierte Nachfrage insgesamt
   zunimmt. Somit ist eine Geldpolitik notwendig, die den Zinssatz R reduziert
   und damit die Investitiongüternachfrage I erhöht.
   *Graphische Lösung (Abb. 3.4):*
   Eine Senkung des Zinssatzes von $R_1$ nach $R_2$ führt zu einer Verschiebung
   der $Y^d$-Kurve von $Y^d_1$ nach $Y^d_2$.

b) *Berechnung des steuerfinanzierten Staatsausgabenmultiplikators:*
   Auflösen der total differenzierten Gleichgewichtsbedingung nach $dY / dG$
   ergibt für $dT_0 = dG$ und $dR = 0$

   $$\left.\frac{dY}{dG}\right|_{dG = dT} = \frac{1 - C_Y}{1 - C_Y - I_Y} > 1 \,.$$

Dieses Ergebnis bedeutet, daß eine steuerfinanzierte Staatsausgabenerhöhung zu einer Einkommenserhöhung führt, die größer ist als bei einer Erhöhung der Staatsnachfrage in Aufgabe 3b). Der Grund für dieses Ergebnis liegt in dem zusätzlichen positiven Effekt der einkommensabhängigen Investitionsnachfrage.

Abb. 3.4: Zinsänderungen im keynesianischen Gütermarktmodell

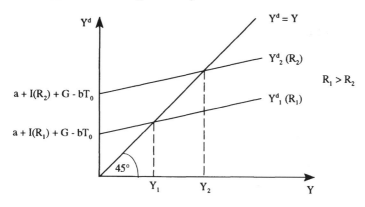

c) Auflösen der in Teilaufgabe a) bzw. Teilaufgabe b) abgeleiteten Multiplikatoren nach dR bzw. dG ergibt:

$$dR = \frac{1 - C_Y - I_Y}{I_R} \, dY \, , \quad \text{und}$$

$$dT_0 = dG = \frac{1 - C_Y - I_Y}{1 - C_Y} \, dY \, .$$

Die erste Gleichung zeigt, daß bei einer sehr niedrigen Zinsreagibilität der Investitionsnachfrage $I_R$ eine sehr große Senkung des Zinssatzes notwendig ist, um eine bestimmte Erhöhung des Outputniveaus zu erreichen. Bei einem sehr niedrigen Zinsniveau könnte dies zu einem negativen Zinssatz führen. Die zweite Gleichung zeigt, daß die für eine bestimmte Erhöhung des Outputniveaus notwendige Staatsausgabenerhöhung umso geringer ist, je höher die marginale Konsumneigung $C_Y$ ist.

d) Die Verwendung von Konsumentenkrediten zur Finanzierung des privaten Konsums ist eine mögliche Begründung für die negative Zinsabhängigkeit der privaten Konsumausgaben. Bei steigendem Zinsniveau steigen die Kosten der Finanzierung des Konsums über Kredite. Dieser Kostenanstieg führt zu einer Senkung der privaten Konsumausgaben. Die Gütermarktgleichgewichtsbedingung lautet nun:

$$Y = C\,(Y - T_0, R) + I\,(R, Y) + G, \text{ mit } C_R < 0.$$

Der in Teilaufgabe a) abgeleitete Multiplikator lautet nun

$$\frac{dY}{dR} = \frac{I_R + C_R}{1 - C_Y - I_Y} < 0\,.$$

Die Wirkungen einer Zinsänderung auf den Output sind demnach umso größer, je höher die Zinsreagibilität der privaten Konsumnachfrage ist. Der in Teilaufgabe b) abgeleitete Staatsausgabenmultiplikator verändert sich nicht.

**Aufgabe 5:**

a) Sinkt der Zinssatz von $R_1$ nach $R_2$, so verschiebt sich $Y^d_1$ nach $Y^d_2$ (Abb. 3.5). Dadurch erhöht sich das Gleichgewichtseinkommen von $Y_1$ auf $Y_2$ (siehe Aufgabe 4a). Stellt man diesen Zusammenhang in einem Zins-Einkommens-Diagramm dar, erhält man die IS-Kurve. Sie besitzt eine negative Steigung und beschreibt alle Zins-Einkommens-Kombinationen, bei denen sich der Gütermarkt im Gleichgewicht befindet.

b) Durch eine Erhöhung des Einkommens von $Y_1$ auf $Y_2$ verschiebt sich die Geldnachfragekurve von $L_1$ nach $L_2$ (Transaktionskassenargument), wie in Abb. 3.6 dargestellt. Wenn das Geldangebot M konstant gehalten wird, so hat dies einen Anstieg des Zinssatzes von $R_1$ auf $R_2$ zur Folge. Überträgt man diesen Sachverhalt in ein Zins-Einkommens-Diagramm, erhält man die LM-Kurve. Sie besitzt eine positive Steigung und beschreibt alle Zins-Einkommens-Kombinationen, bei denen sich der Geldmarkt im Gleichgewicht befindet.

c) *Ableitung der Steigung der IS-Kurve:*
Totale Differentiation der Gütermarktgleichgewichtsbedingung ergibt

$$dY = C_Y\,dY + I_R\,dR + dG.$$

Abb. 3.5: Ableitung der IS-Kurve

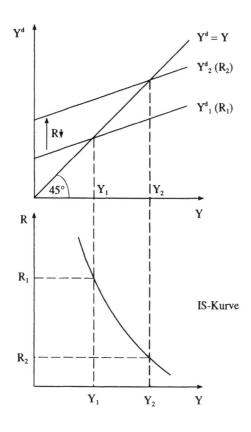

Abb. 3.6: Ableitung der LM-Kurve

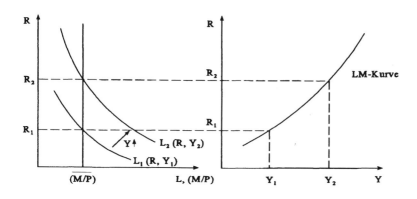

Für dG = 0 ergibt sich für die Steigung der IS-Kurve

$$\frac{dR}{dY}\bigg|_{IS} = \frac{1-C_Y}{I_R} < 0 \quad.$$

*Ableitung der Steigung der LM-Kurve:*
Totale Differentiation der Geldmarktgleichgewichtsbedingung ergibt

$$d(M/P) = L_Y \, dY + L_R \, dR$$

Für d(M/P) = 0 ergibt sich für die Steigung der LM-Kurve

$$\frac{dR}{dY}\bigg|_{LM} = -\frac{L_Y}{L_R} > 0 \quad.$$

Abb. 3.7: Das IS-LM-Modell

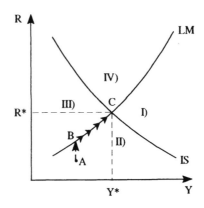

*Ungleichgewichtssituationen:*

I)   Geldangebot < Geldnachfrage        (Überschußnachfrage am Geldmarkt)
     Güterangebot > Güternachfrage       (Überschußangebot am Gütermarkt)

II)  Geldangebot < Geldnachfrage        (Überschußnachfrage am Geldmarkt)
     Güterangebot < Güternachfrage       (Überschußnachfrage am Güter-
                                          markt)

III) Geldangebot > Geldnachfrage        (Überschußangebot am Geldmarkt)
     Güterangebot < Güternachfrage       (Überschußnachfrage am Güter-

markt)

IV) Geldangebot > Geldnachfrage     (Überschußangebot am Geldmarkt)
    Güterangebot > Güternachfrage    (Überschußangebot am Gütermarkt)

*Anpassung an ein Gleichgewicht:*
Da der Geldmarkt flexibel reagiert, während Anpassungsprozesse auf dem
Gütermarkt nur langsam erfolgen, kommt es sofort zu einer Zinsänderung,
die ein Geldmarktgleichgewicht zum ursprünglichen Output sicherstellt. Auf
die zu diesem Zinssatz herrschende Divergenz zwischen Angebot und Nachfrage auf dem Gütermarkt reagieren die Unternehmen mit Änderung ihres
Outputniveaus. Graphisch bedeutet die Anpassung an das Gleichgewicht
zunächst einen Sprung auf die LM-Kurve, dann eine Bewegung entlang
dieser Kurve zum allgemeinen Gleichgewichtspunkt. Wählt man beispielsweise A als Ausgangspunkt, so erfolgt die Anpassung über B nach C.

**Aufgabe 6:**

a) Man bildet zuerst die totalen Differentiale der Gleichgewichtsbedingungen:
*Totales Differential der Gütermarktgleichung*:
$$dY = C_Y \, dY + I_R \, dR + dG, \text{ bzw.:}$$
$$( 1 - C_Y ) \, dY - I_R \, dR = dG$$

*Totales Differential der Geldmarktgleichung*:
$$(1/P) \, dM - M/P^2 \, dP = L_Y \, dY + L_R \, dR, \text{ bzw.:}$$
$$L_Y \, dY + L_R \, dR = (1/P) \, dM - M/P^2 \, dP$$

*Anwendung der Cramer'schen Regel* (siehe Kapitel 1, Aufgabe 4):
Zur Berechnung des Einflusses wirtschaftspolitischer Maßnahmen auf dY
werden folgende Determinanten berechnet:

$$dY = \frac{|D_Y|}{|D|} = \frac{\begin{vmatrix} dG & -I_R \\ \dfrac{1}{P} dM - \dfrac{M}{P^2} dP & L_R \end{vmatrix}}{\begin{vmatrix} 1 - C_Y & -I_R \\ L_Y & L_R \end{vmatrix}}$$

Durch Überkreuzmultiplikation erhält man:

$$dY = \frac{(L_R \, dG) + I_R \left( \dfrac{1}{P} dM - \dfrac{M}{P^2} dP \right)}{(1 - C_Y) L_R + L_Y I_R} \, .$$

Um den Staatsausgabenmultiplikator zu errechnen, setzt man $dM = dP = 0$ und erhält:

$$\frac{dY}{dG} = \frac{L_R}{(1 - C_Y) L_R + L_Y I_R} = \frac{1}{(1 - C_Y) + \dfrac{L_Y I_R}{L_R}} > 0 \, .$$

Zur Berechnung des Einflusses wirtschaftspolitischer Maßnahmen auf $dR$ werden folgende Determinanten berechnet:

$$dR = \frac{|D_R|}{|D|} = \frac{\begin{vmatrix} 1 - C_Y & dG \\ L_Y & \dfrac{1}{P} dM - \dfrac{M}{P^2} dP \end{vmatrix}}{\begin{vmatrix} 1 - C_Y & -I_R \\ L_Y & L_R \end{vmatrix}} \, .$$

Durch Überkreuzmultiplikation erhält man:

$$dR = \frac{(1 - C_Y) \left( \dfrac{1}{P} dM - \dfrac{M}{P^2} dP \right) - L_Y dG}{(1 - C_Y) L_R + L_Y I_R} \, .$$

Um den Einfluß der Staatsausgabenerhöhung auf $dR$ zu errechnen, setzt man $dM = dP = 0$. Man erhält:

$$\frac{dR}{dG} = \frac{-L_Y}{(1 - C_Y) L_R + L_Y I_R} > 0 \, .$$

b) Der Staatsausgabenmultiplikator im einfachen Gütermarktmodell lautet:

$$\frac{dY}{dG} = \frac{1}{(1 - C_Y)} \cdot$$

Dieser Multiplikator ist größer als der in Teilaufgabe a) abgeleitete Multipli-

kator, da bei letzterem im Nenner noch der Term $\dfrac{L_Y I_R}{L_R} > 0$ steht.

Dieser Term läßt sich wie folgt interpretieren: Eine Erhöhung der Staatsausgaben führt zu einem Anstieg des Volkseinkommens (Bewegung von A nach
B in Abb. 3.8). Mit diesem Anstieg ist eine Erhöhung der Geldnachfrage bei
konstantem Geldangebot verbunden. Um diese erhöhte Geldnachfrage zu
befriedigen, versuchen die Wirtschaftssubjekte ihre Wertpapiere zu verkau-

Abb. 3.8: Expansive Fiskalpolitik im IS-LM-Modell

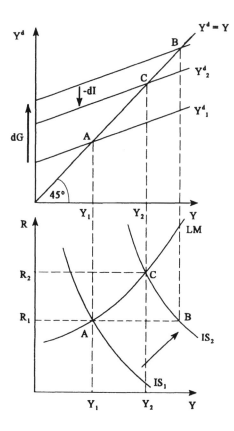

fen. Es kommt zu einem Wertpapierangebotsüberschuß, die Wertpapier-
kurse fallen und die Zinsen steigen. Der Zinsanstieg hat auf dem Gütermarkt
einen Rückgang der Investitionsnachfrage zur Folge. Dieser Rückgang der
Investitionsnachfrage wiederum führt zu einem Rückgang des Volkseinkommens (Bewegung von B nach C in Abb. 3.8). Dieser Effekt der Verdrängung privater Investitionen durch eine Erhöhung der staatlichen Nachfrage wird als *Crowding-Out-Effekt* bezeichnet.

c) Anwendung der Cramer'schen Regel (siehe Teilaufgabe a)) führt zu folgendem Ergebnis:

$$\frac{dY}{dM} = \frac{\frac{1}{P}I_R}{(1-C_Y)L_R + L_Y I_R} > 0$$

$$\frac{dR}{dM} = \frac{\frac{1}{P}(1-C_Y)}{(1-C_Y)L_R + L_Y I_R} < 0$$

Die Erhöhung der Geldmenge führt bei gegebener Geldnachfrage zu einem
Geldangebotsüberschuß. Bei gegebenem Einkommen versuchen die Wirtschaftssubjekte, dieses zusätzliche Geld in Wertpapieren anzulegen. Es
kommt zu einem Wertpapiernachfrageüberschuß, die Wertpapier-Kurse

Abb. 3.9: Expansive Geldpolitik im IS-LM-Modell

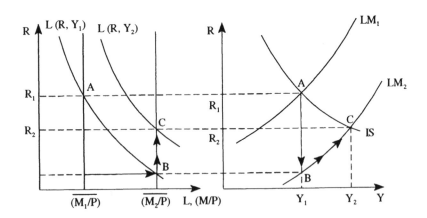

steigen und die Zinsen fallen (Bewegung von A nach B in <u>Abb. 3.9</u>). Die Zinssenkung führt auf dem Gütermarkt zu einer Erhöhung der Investitionsnachfrage. Die erhöhte Investitionsnachfrage wiederum führt zu einer Erhöhung des Volkseinkommens und des Zinsniveaus (Bewegung von B nach C in <u>Abb. 3.9</u>). Insgesamt hat die expansive Geldpolitik eine Erhöhung des Volkseinkommens und eine Senkung des Zinssatzes zur Folge.

**Aufgabe 7:**

Die Aufgabe des Wirtschaftsministers besteht darin, diejenige Geldmengenausweitung zu bestimmen, die notwendig ist, um den das Crowding-Out auslösenden Zinsanstieg zu konterkarieren. Unter Verwendung der Cramer'schen Regel (und $dP = 0$) ergibt sich folgende Veränderung des Zinsniveaus:

$$dR = \frac{(1-C_Y)\dfrac{dM}{P} - L_Y dG}{(1-C_Y)L_R + L_Y I_R} \overset{!}{=} 0$$

Es soll die Geldmengenerhöhung zur Unterstützung der Fiskalpolitik berechnet werden, für die $dR = 0$ wird. Auflösen nach $dM$ mit $dR = 0$ ergibt

$$dM = \frac{PL_Y}{(1-C_Y)} dG.$$

**Aufgabe 8:**

a) Anwendung der Cramer'schen Regel führt zu folgendem Ergebnis:
   - Multiplikator bei Kreditfinanzierung ($dT_0 = 0$):

$$\left.\frac{dY}{dG}\right|_{dG,\, dT\, =\, 0} = \frac{1}{(1-C_Y) + \dfrac{L_Y I_R}{L_R}}$$

   - Multiplikator bei Steuerfinanzierung ($dG = dT_0$):

$$\frac{dY}{dG}\bigg|_{dG\,=\,dT} = \frac{(1-C_Y)}{(1-C_Y)+\dfrac{L_Y I_R}{L_R}} \cdot$$

Da $(1-C_Y)<1$ gilt, ist der Multiplikator bei Steuerfinanzierung kleiner als bei Kreditfinanzierung. Bei der Kreditfinanzierung ergibt sich durch die Staatsausgabenerhöhung am Gütermarkt eine Erhöhung der Nachfrage um dG als Anstoßeffekt. Bei der Steuerfinanzierung steht der erhöhten staatlichen Nachfrage jedoch eine verringerte private Konsumnachfrage gegenüber, da sich durch die erhöhte Steuerlast das verfügbare Einkommen verringert hat. Der den Multiplikatorprozeß auslösende Nettonachfrageeffekt der Staatsausgabenerhöhung ist also im Fall der Kreditfinanzierung höher, d.h. der Volkseinkommenszuwachs fällt höher aus als bei Steuerfinanzierung.

*Anmerkung:*

Der hier berechnete Multiplikator bei Steuerfinanzierung ist kleiner als eins. Im Gegensatz zur Herleitung des Haavelmo-Theorems im einfachen Gütermarktmodell (Vgl. Aufgabe 3 b)) wird hier auch der Geldmarkt betrachtet. Im neuen Gleichgewicht ist der Zins gestiegen und es kommt zu einem partiellen Crowding-Out.

b) Anwendung der Cramer'schen Regel ergibt:

$$\frac{dY}{dG}\bigg|_{dG\,=\,dT} = \frac{(1-C_Y)}{(1-C_Y-I_Y)+\dfrac{L_Y I_R}{L_R}} \cdot$$

Im Vergleich zu der in Teilaufgabe a) unterstellten keynesianischen Investitionsfunktion ergibt sich im Falle einer neoklassischen Investitionsfunktion ein höherer steuerfinanzierter Staatsausgabenmultiplikator. Der Grund liegt darin, daß bei der neoklassischen Investitionsfunktion über die positive Abhängigkeit der Investitionen vom Output Y ein zusätzlicher positiver Effekt auf den Multiplikator in Abhängigkeit von der Höhe der Einkommensreagibilität der Investitionsnachfrage entsteht.

**Aufgabe 9:**

a) Sowohl bei der Investitions- wie auch bei der Liquiditätsfalle ist eine expansive Geldpolitik unwirksam. Als Investitionsfalle bezeichnet man eine Situation, in der die Investitionsnachfrage vollkommen zinsunelastisch ist (senkrechte IS-Kurve). Im IS/LM-Modell bewirkt eine Erhöhung der realen Geldmenge (Verschiebung der LM-Kurve nach rechts) zwar eine Zinssenkung, die Investitionsnachfrage reagiert darauf jedoch nicht und das Einkommen bleibt konstant.

Den Fall einer unendlich zinselastischen Geldnachfrage (horizontale LM-Kurve) bezeichnet man als Liquiditätsfalle. In dieser Situation sind die Wirtschaftssubjekte bereit, jede zusätzlich von der Zentralbank bereitgestellte Geldeinheit freiwillig, d.h. ohne Zinssenkung, in ihrer Spekulationskasse zu halten. Eine expansive Geldpolitik hat daher keinerlei Zinsänderungen und damit auch keine Veränderung der Investitionsnachfrage zur Folge (In-Sich-Verschiebung der LM-Kurve).

In der beschriebenen Volkswirtschaft liegt eine Liquiditätsfalle vor, da die expansive Geldpolitik der Zentralbank keine Auswirkungen auf den Zins hatte. Würde eine Investitionsfalle vorliegen, hätte man eine Zinssenkung beobachtet.

Abb. 3.10: Spezialfälle im IS-LM-Modell

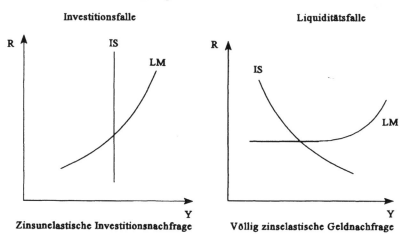

b) Bei Anwendung der Cramer'schen Regel erhält man für beide Sonderfälle folgende Multiplikatoren einer steuerfinanzierten Staatsausgabenerhöhung

$$\frac{dY}{dG}\bigg|_{dG\,=\,dT} = \frac{(1 - C_Y)}{(1 - C_Y)} = 1$$

und

$$\frac{dR}{dG}\bigg|_{dG\,=\,dT} = \frac{- (1 - C_Y)\dfrac{L_Y}{L_R}}{(1 - C_Y) + \dfrac{L_Y I_R}{L_R}} \quad .$$

Bei Vorliegen der Investitionsfalle ($I_R \to 0$) gilt

$$\frac{dR}{dG}\bigg|_{dG\,=\,dT} = - \frac{L_Y}{L_R} > 0 \quad .$$

Bei Vorliegen der Liquiditätsfalle ($L_R \to -\infty$) gilt

$$\frac{dR}{dG}\bigg|_{dG\,=\,dT} = 0 \quad .$$

<u>Abb. 3.11</u>: Expansive Fiskalpolitik und keynesianische Spezialfälle

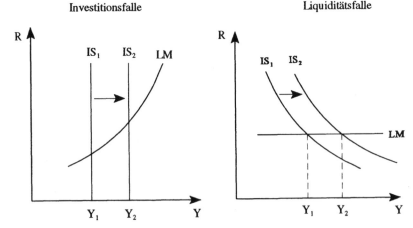

Dieses Ergebnis impliziert, daß bei Vorliegen der Liquiditäts- bzw. Investitionsfalle das Haavelmo-Theorem selbst unter Berücksichtigung des Geldmarktes erfüllt ist, da eine expansive Fiskalpolitik in diesen Spezialfällen keinen Crowding-Out-Effekt auslöst. Bei der Liquiditätsfalle führt die durch die Staatsausgabenerhöhung bewirkte höhere Geldnachfrage zu keinen Zinssteigerungen und damit zu keiner Veränderung der Investitionsnachfrage. Bei der Investitionsfalle kommt es zwar zu Zinssteigerungen, aufgrund der zinsunelastischen Investitionsnachfrage hat diese Zinssteigerung jedoch keine realen Effekte.

**Aufgabe 10:**

a) Anwendung der Cramer'schen Regel führt zu folgenden Multiplikatoren:

Fiskalpolitik:
$$\frac{dY}{dG} = \frac{1}{(1-C_Y) + \dfrac{L_Y I_R}{L_R}} > 0$$

Geldpolitik:
$$\frac{dY}{d\left(\dfrac{M}{P}\right)} = \frac{L_R C_M \dfrac{}{P} + I_R}{(1-C_Y)L_R + L_Y I_R} > 0$$

b) Der Pigou-Effekt ist bei Vorliegen der Liquiditätsfalle und der Investitionsfalle von Bedeutung. In beiden Fällen wäre im normalen IS/LM-Modell der Effekt expansiver Geldpolitik auf das Volkseinkommen gleich Null (vgl. den Multiplikator in Aufgabe 6c)). Unter Berücksichtigung des Pigou-Effekts ergibt sich hier folgender Multiplikator:

$$\frac{dY}{d\left(\dfrac{M}{P}\right)} = \frac{\dfrac{C_M}{P}}{(1-C_Y)} \geq 0$$

Der Grund für die Wirksamkeit der Geldpolitik selbst bei Vorliegen einer Liquiditäts- oder Investitionsfalle liegt darin, daß die Geldpolitik über die

realkassenabhängige private Konsumnachfrage direkte Effekte auf den
realen Sektor hat.

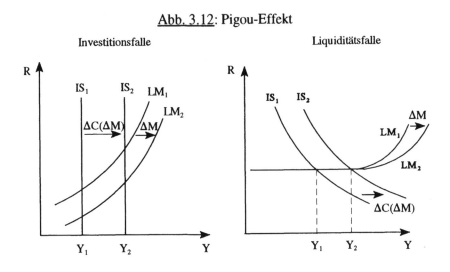

Abb. 3.12: Pigou-Effekt

**Aufgabe 11:**

a) Fiskalisten unterstellen eine vollkommen zinsunelastische Investitionsnachfrage (Investitionsfalle) bzw. eine vollkommen zinselastische Geldnachfrage
(Liquiditätsfalle). In beiden Situationen hat nur Fiskalpolitik Wirkungen auf
das Outputniveau, während Geldpolitik unwirksam ist (vgl. Aufgabe 9).
   Monetaristen unterstellen dagegen eine vollkommen zinsunelastische
Geldnachfrage ($L_R \to 0$). Die LM-Kurve verläuft senkrecht. Zu jedem beliebigen Zinsniveau gibt es in dieser Situation nur ein Outputniveau $Y_1$, das zu
einem Gleichgewicht auf dem Güter- und dem Geldmarkt führt. Jede Erhö-
hung der staatlichen Nachfrage hat in dieser Situation ein vollkommenes
Crowding-Out der privaten Investitionsnachfrage zur Folge, da der Zins
solange steigt, bis $Y_1$ wieder erreicht ist (Bewegung von Punkt A über Punkt
B zu Punkt C in Abb. 3.13). Im Gegensatz dazu führt eine expansive Geldpolitik zu einer Verschiebung der LM-Kurve nach rechts und damit zu einer
Senkung des Zinssatzes von $R_0$ zu $R_2$. (Bewegung von Punkt A zu Punkt
D.) Die Senkung des Zinssatzes hat eine Erhöhung der privaten Investitionsnachfrage und damit über den Multiplikatorprozeß eine Erhöhung des Output von $Y_1$ auf $Y_2$ zur Folge.

Abb. 3.13: Geld- und Fiskalpolitik aus monetaristischer Sicht

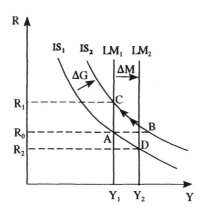

b) Es gilt folgendes Modell:
Gütermarktgleichgewichtsbedingung: $Y = C(Y) + I(R) + G$
Geldmarktgleichgewichtsbedingung: $M/P = L(Y)$.
Totale Differentiation der beiden Gleichgewichtsbedingungen und Anwendung der Cramer'schen Regel führt zu folgenden Multiplikatoren:

Fiskalpolitik: $\dfrac{dY}{dG} = 0$

Geldpolitik: $\dfrac{dY}{dM} = \dfrac{1}{P\,L_Y} > 0$

**Aufgabe 12:**

a) - Aggregierte Arbeitsnachfragefunktion: $w = P\,f(N)$ bzw. $w/P = f(N)$
   Erläuterung: Siehe Kapitel 2, Aufgabe 1.
   - Aggregierte Arbeitsangebotsfunktion: $N = N\left(\dfrac{w}{P^\alpha}\right)$ bzw.
   $\dfrac{w}{P} = \dfrac{P^{*\alpha}}{P}\,g(N)$, $\alpha = 1$.

   Erläuterung: Siehe Kapitel 2, Aufgabe 2.
   - Gesamtwirtschaftliche Angebotsseite: $AS = f(N, \overline{K})$
   Das gesamtwirtschaftliche Angebot AS ergibt sich durch Einsetzen der

am Arbeitsmarkt bestimmten gleichgewichtigen Beschäftigungsmenge in
die Produktionsfunktion. Der Kapitalstock wird als fix angenommen.
- Gesamtwirtschaftliche Nachfrageseite: Ergibt sich aus dem IS/LM-Mo-
  dell (siehe Teilaufgabe b).

b) Durch die expansive Fiskalpolitik kommt es zu einer Verschiebung der $IS_1$-
Kurve nach rechts zu $IS_2$ (Abb. 3.14). Bei gegebenem Preisniveau $P_1$
existiert nun eine höhere Güternachfrage Y'; die $NS_1$-Kurve verschiebt sich
nach $NS_2$ (Punkt B). Zum Preisniveau $P_1$ entsteht ein Güternachfrageüber-
schuß in Höhe der Strecke AB, die Preise steigen von $P_1$ auf $P_2$. Das erhöhte
Preisniveau impliziert bei gegebenem nominalem Geldangebot einen Rückgang der realen Geldmenge; die LM-Kurve verschiebt sich von $LM_1$ auf
$LM_2$. Im IS/LM-Diagramm ergibt sich ein neues Gleichgewicht in Punkt C.

Abb. 3.14: Expansive Fiskalpolitik und Güternachfrage bei Freiheit von
          Geldillusion und korrekten Preiserwartungen

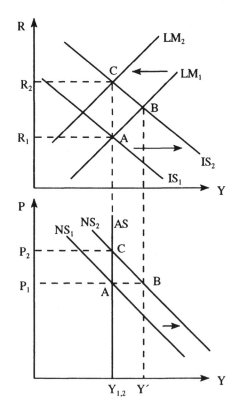

Im P/Y-Diagramm bewegt man sich auf der $NS_2$-Kurve zum neuen Gleichgewicht in Punkt C.

c) Die expansive Fiskalpolitik führt zu einem Anstieg des Preisniveaus (Abb. 3.15). Bei konstantem Nominallohn hat dies eine Senkung des Reallohnniveaus und damit einen Anstieg der Arbeitsnachfrage (die Arbeitsnachfragekurve verschiebt sich nach rechts) zur Folge. Die Arbeitsanbieter sind annahmegemäß frei von Geldillusion, d.h. sie beziehen das Preisniveau vollständig in ihr Entscheidungskalkül ein, desweiteren haben sie richtige Erwartungen oder antizipieren es korrekt. Unter diesen Bedingungen verschiebt sich die Arbeitsangebotsfunktion im selben Ausmaß wie die Arbeitsnachfragefunktion. Der Reallohn bleibt bei einer Preisniveauänderung konstant, so daß sich die gleichgewichtige Beschäftigungsmenge und damit auch das

Abb. 3.15: Expansive Fiskalpolitik und Freiheit von Geldillusion

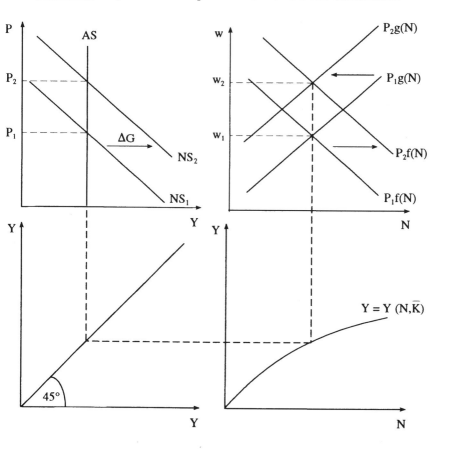

Outputniveau nicht ändert. Die aggregierte Güterangebotskurve verläuft senkrecht.

d) Bei Vorliegen von Geldillusion beziehen die Arbeitsanbieter die Preisniveausteigerung nicht vollständig in ihr Entscheidungskalkül ein. Die Arbeitsangebots- und Arbeitsnachfragekurve verschieben sich in unterschiedlichem Ausmaß, so daß insgesamt der Nominallohn prozentual um weniger steigt als das Preisniveau (= Reallohnsenkung) und die Beschäftigungsmenge steigt. Über die höhere Beschäftigungsmenge kommt es zu einem Anstieg der Ausbringungsmenge. Die gesamtwirtschaftliche Angebotskurve ist positiv geneigt. Abb. 3.16 veranschaulicht dies graphisch.

Abb. 3.16: Expansive Fiskalpolitik bei Geldillusion

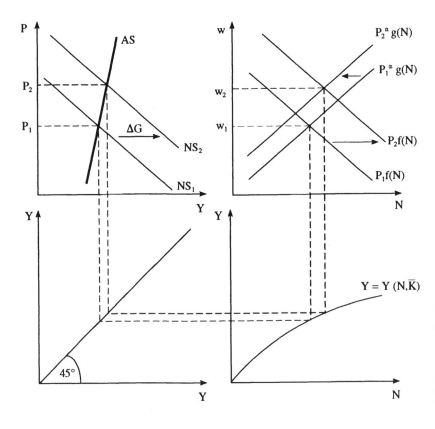

e) Einsetzen der errechneten gleichgewichtigen Beschäftigungsmenge $N = \beta P^{1-\alpha}$ in die Produktionsfunktion ergibt:

$$Y = (\beta P^{1-\alpha})^\beta$$

Bei Freiheit von Geldillusion ($\alpha = 1$) hat das Preisniveau keinen Einfluß auf das gesamtwirtschaftliche Güterangebot. Die aggregierte Güterangebotskurve ist senkrecht. Unterliegen die Arbeitnehmer der Geldillusion ($\alpha < 1$), ist die aggregierte Güterangebotskurve positiv geneigt.

## Aufgabe 13:

*Fiskalisten:*

In einer Situation der Liquiditäts- oder Investitionsfalle hat die gesamtwirtschaftliche Nachfragekurve NS einen senkrechten Verlauf (Abb. 3.17). In beiden Fällen kann nur Fiskalpolitik eine Erhöhung der gesamtwirtschaftlichen Nachfrage bewirken (Rechtsverschiebung der IS- und NS-Kurve) und damit (bei annahmegemäß positiv geneigter gesamtwirtschaftlicher Angebotskurve) eine Outputerhöhung induzieren. Der in keinem Fall vermeidbare Preisniveauanstieg von $P_1$ auf $P_2$ führt nur in der Situation der Investitionsfalle zu einer Zinserhöhung.

*Monetaristen:*

Ist die Geldnachfrage vollkommen zinsunelastisch, ergibt sich eine senkrechte LM-Kurve (Abb. 3.18). Die gesamtwirtschaftliche Nachfrage hat weiterhin einen fallenden Verlauf. Expansive Fiskalpolitik führt in dieser Situation nur zu einer Erhöhung des Zinsniveaus, hat jedoch keinen Einfluß auf den Output und das Preisniveau. Expansive Geldpolitik führt zu einer Rechtsverschiebung der NS-Kurve. Im neuem Gleichgewicht C ist der Output und das Preisniveau gestiegen, das Zinsniveau hat sich verringert.

Hinweis: Monetaristen gehen von Freiheit von Geldillusion aus. Sie unterstellen aber, daß die Wirtschaftssubjekte Preisniveausteigerungen kurzfristig unterschätzen. Insoweit ist die aggregierte Angebotskurve kurzfristig ansteigend, langfristig aber parallel zur Preisachse.

Abb. 3.17: Liquiditäts- und Investitionsfalle bei flexiblen Preisen

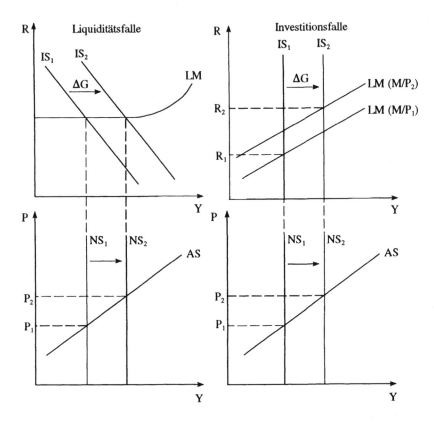

**Aufgabe 14:**

a) Mit dieser Arbeitsangebotsfunktion werden Erwartungen der Arbeitnehmer
   hinsichtlich der Preisentwicklung berücksichtigt, wobei $P^e$ das erwartete
   Preisniveau bezeichnet. Der Exponent $\gamma$ gibt an, ob die Arbeitnehmer die
   Entwicklung des Preisniveaus P systematisch unterschätzen ($\gamma < 1$), richtig
   vorhersagen ($\gamma = 1$) oder überschätzen ($\gamma > 1$).

   Neben der Geldillusion muß nun bei der Analyse der Effekte wirtschaftspolitischer Maßnahmen auf Output, Beschäftigung und Preisniveau auch die
   Erwartungsbildung der Arbeitnehmer berücksichtigt werden. Folgende Fälle
   können dabei unterschieden werden:

Abb. 3.18: Expansive Fiskal- und Geldpolitik bei flexiblen Preisen aus Sicht
der Monetaristen

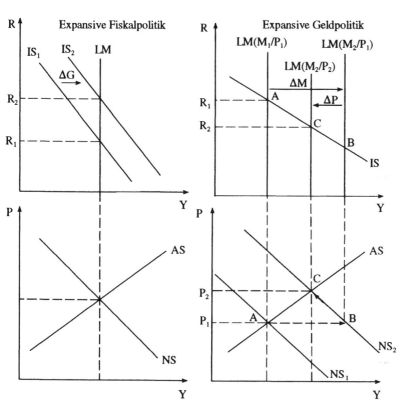

*Korrekte Preiserwartungen:* An der bisherigen Analyse ändert sich nichts.
*Unterschätzung des Preisniveaus:* Die Effekte der Geldillusion werden
verstärkt.
*Überschätzung des Preisniveaus:* Die Effekte der Geldillusion werden
abgeschwächt bzw. überkompensiert.
Langfristig ist γ nicht konstant, sondern konvergiert gegen 1.
Anmerkung: Wir behandeln in den folgenden Aufgaben nur noch den Fall
$P^e = P^\gamma$ mit γ ≤ 1.

b) Graphisch entspricht die Analyse Aufgabe 12d) (Abb. 3.16). Die positiven
Output- und Beschäftigungswirkungen der expansiven Fiskalpolitik resultieren dabei jedoch nicht auf einer unvollkommenen Berücksichtigung der

Preissteigerung im Entscheidungskalkül der Arbeitnehmer, da Freiheit von Geldillusion unterstellt wird. Vielmehr unterschätzen die Arbeitnehmer die durch die expansive Fiskalpolitik ausgelöste Preissteigerung ($\gamma < 1$) und bieten dadurch zu einem niedrigeren Reallohn mehr Arbeit an, als sie bei korrekten Preiserwartungen anbieten würden. Graphisch verschiebt sich auch in diesem Fall die Arbeitsangebotsfunktion im Nominallohndiagramm aufgrund der Reallohnsenkung um weniger nach links (oben) als sich die Arbeitsnachfragefunktion nach rechts (oben) verschiebt. Es ergibt sich ein neues Arbeitsmarktgleichgewicht bei höherer Beschäftigung.

**Aufgabe 15:**

a) Die restriktive Geldpolitik hat eine Linksverschiebung der aggregierten Nachfragekurve und damit eine Preisniveausenkung zur Folge (Abb. 3.19). Die Preisniveausenkung bewirkt eine Erhöhung des Reallohns; die Arbeitsnachfrage sinkt (die Arbeitsnachfragekurve verschiebt sich nach links). Zu einem erhöhten Reallohn würden die Arbeitsanbieter bei gegebenem Nominallohn mehr Arbeit anbieten. Die Arbeitsangebotskurve verschiebt sich nach rechts. Durch den Mindestlohn verschiebt sich die Arbeitsangebotskurve jedoch nur in sich selbst. Es kommt zu einer Senkung der Beschäftigung und des Outputs. Das Vorliegen von Geldillusion bzw. die falschen Preiserwartungen haben, da die Mindestlöhne für alle Bürger gelten, keine Bedeutung für das abgeleitete Ergebnis. Bei Vorliegen von Freiheit von Geldillusion und korrekten Preiserwartungen würde sich das Ergebnis nicht verändern.

b) Eine Erhöhung der Mindestlöhne verschiebt die horizontale Arbeitsangebotskurve von $w_0$ nach $w_1$ (Abb. 3.20). Bei gegebenem Preisniveau erhöht sich der Nominallohn und die Arbeitsnachfrage sinkt von $N_0$ auf $N_1$. Die gesamtwirtschaftliche Angebotskurve verschiebt sich von $AS_0$ nach $AS_1$. Bei gegebener gesamtwirtschaftlicher Nachfrage und nun verringertem Angebot herrscht bei konstantem Preisniveau $P_0$ nun ein Nachfrageüberschuß. Dadurch steigt das Preisniveau von $P_0$ auf $P_1$, das Reallohnniveau sinkt und Arbeitsnachfrage steigt auf $N_2$ (Verschiebung der Arbeitsnachfragekurve nach rechts). Insgesamt erhöht sich der Nominallohn von $w_0$ auf $w_1$, die Beschäftigung sinkt von $N_0$ auf $N_2$ und das Outputniveau von $Y_0$

Abb. 3.19: Restriktive Geldpolitik und Mindestlöhne bei Vorliegen von
           Geldillusion bzw. falschen Preiserwartungen

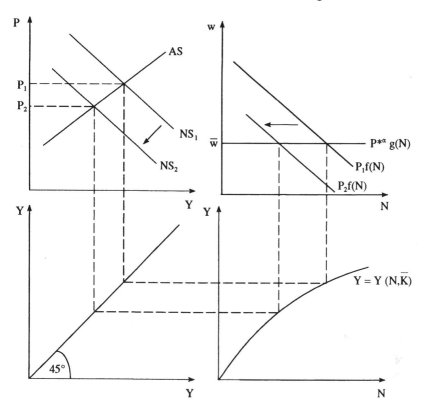

auf $Y_2$.

**Aufgabe 16:**

a) Durch den Abbau des Solidaritätszuschlags erhöht sich das verfügbare
   Einkommen, womit eine Erhöhung des Konsums und somit der gesamtwirtschaftlichen Nachfrage verbunden ist. Die gesamtwirtschaftliche Nachfragekurve verschiebt sich von $NS_1$ nach $NS_2$ (Abb. 3.21). Dadurch kommt
   es zu einem Anstieg des Preisniveaus von $P_1$ nach $P_2$. Zu jedem Lohnsatz w
   wird nun aufgrund des gefallenen Reallohnsatzes mehr Arbeit nachgefragt

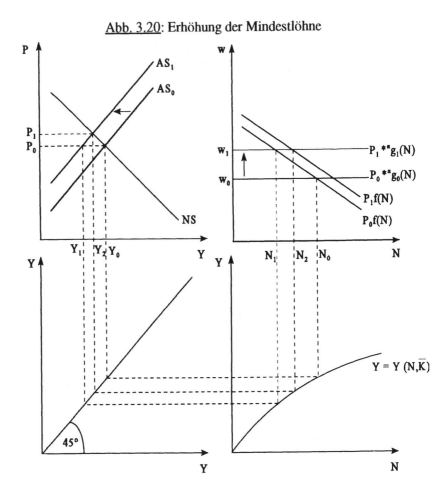

Abb. 3.20: Erhöhung der Mindestlöhne

und weniger Arbeit angeboten. Voraussetzung für eine Erhöhung der Beschäftigung und des Output ist, daß sich die Arbeitsangebotskurve um weniger als die Arbeitsnachfragekurve verschiebt und somit die gesamtwirtschaftliche Angebotskurve einen steigenden Verlauf hat. Dies ist bei falschen Preiserwartungen der Fall, insbesondere wenn die Preisentwicklung unterschätzt wird ($\gamma < 1$).

b) Eine Erhöhung des Kapitalstocks von $\overline{K}_1$ auf $\overline{K}_2$ bewirkt eine Drehung der Produktionsfunktion von $Y_1$ auf $Y_2$ (Abb. 3.22). Die Arbeitsnachfrage steigt von $P_1 f_1 (N)$ auf $P_1 f_2 (N)$. Dadurch ergibt sich eine höhere Beschäftigung bei einem höheren Outputniveau $AS_2$. Der daraus resultierende

Abb. 3.21: Abbau des Solidaritätszuschlags

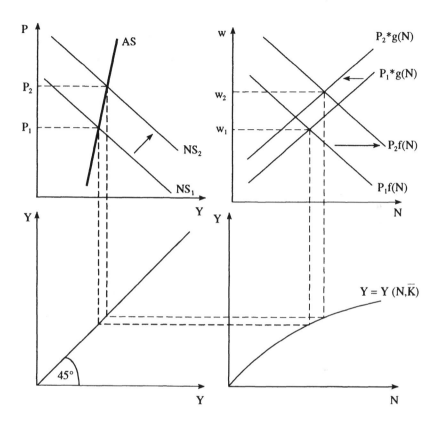

Angebotsüberschuß führt zu einem niedrigeren Preisniveau $P_2$. Da korrekte Preiserwartungen angenommen werden, verschieben sich Arbeitsangebot und Arbeitsnachfrage im selben Ausmaß auf $P_2$ g (N) bzw. $P_2$ $f_2$ (N).

c) Der Produktivitätsfortschritt führt zu einer Drehung der Produktionsfunktion von $Y_1$ nach $Y_2$ (Abb. 3.23). Die Arbeitsnachfrage steigt von $P$ $f_1$ (N) auf $P$ $f_2$ (N). Würden die Gewerkschaften eine Anpassung der Nominallöhne an den Produktivitätsfortschritt durchsetzen, erreicht man Punkt B, der zwar gegenüber dem Ausgangspunkt A einen höheren Output aufweist, jedoch keine positiven Beschäftigungseffekte zur Folge hätte. Wenn die Gewerkschaften hingegen auf eine produktivitätsorientierte Lohnerhöhung verzichten, erreicht man Punkt C mit einer von $N_1$ auf $N_2$ gestiegenen Beschäftigung und nochmals erhöhtem Output.

Abb. 3.22: Kapitalstockwachstum

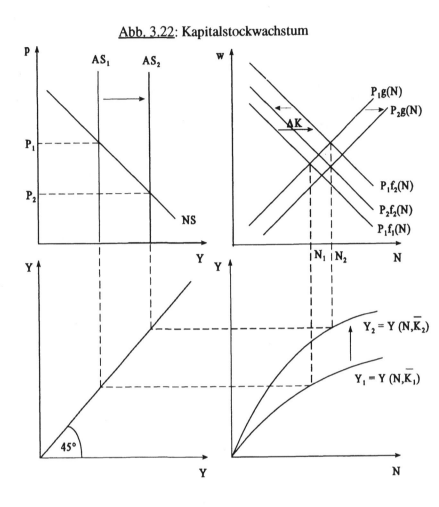

## Aufgabe 17:

a) Steigt die gesamtwirtschaftliche Nachfrage bei gegebener Angebotsfunk
tion, so kommt es zu Preisniveausteigerungen. Infolgedessen sinkt der
Reallohn und die Arbeitsnachfrage nimmt zu (Abb. 3.24). Ob sich aufgrund
der erhöhten Staatsnachfrage auf dem Arbeitsmarkt ein neues Gleichgewicht
mit höherer Beschäftigung ergibt, hängt von weiteren Annahmen ab: Eine
höhere Beschäftigung ergibt sich, wenn die Nominallöhne nach unten starr
sind, die Arbeitnehmer der Geldillusion unterliegen oder die Arbeitnehmer
die Preisentwicklung unterschätzen.

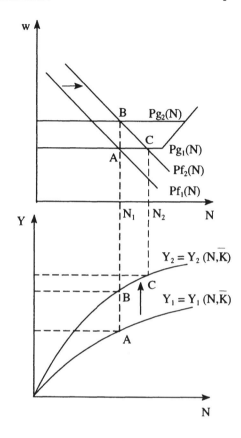

Abb. 3.23: Produktivitätsorientierte Tarifpolitik

b) Die unerwünschten Preisniveaueffekte lassen sich nicht vermeiden, denn sie sind Voraussetzung dafür, daß überhaupt eine Beschäftigungserhöhung eintritt. In der Graphik verschiebt sich aufgrund der erhöhten Staatsnachfrage die gesamtwirtschaftliche Nachfragekurve nach rechts und es kommt zu Preisniveausteigerungen. Diese Preisniveausteigerungen führen zu Reallohnsenkungen. Im Reallohndiagramm bewegt man sich bei einer Preisniveauveränderung auf der Arbeitsnachfragekurve, während sich die Arbeitsangebotskurve verschiebt. Das neue Gleichgewicht auf dem Arbeitsmarkt ergibt sich bei niedrigerem Reallohn und höherer Beschäftigung. Entscheidend für dieses Ergebnis ist, daß das steigende Preisniveau durch die Arbeitnehmer nicht vollständig antizipiert wird oder daß die Arbeitnehmer der

Abb. 3.24: Expansive Fiskalpolitik, Outputsteigerungen und
Preisniveauentwicklung

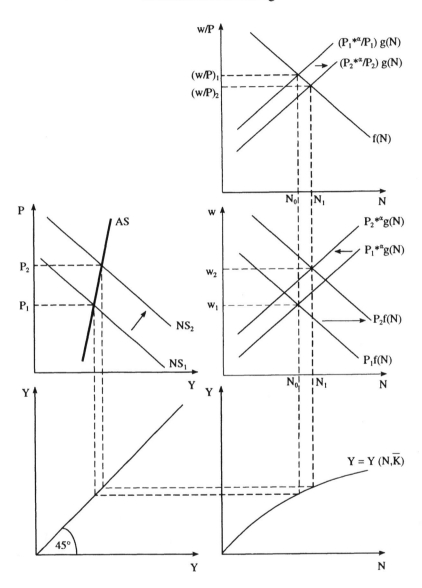

Geldillusion unterliegen. Im Nominallohndiagramm verschieben sich sowohl
die Arbeitsangebots- als auch die Arbeitsnachfragefunktion, allerdings in
unterschiedlichem Ausmaß, so daß insgesamt der Nominallohn relativ um
weniger steigt als das Preisniveau und die Beschäftigung zunimmt.

# Kapitel 4: Inflation und Wachstum

## 4.1 Übungsaufgaben

**Aufgabe 1:**

a) In der Lohnpolitik stehen sich Gewerkschaften und Arbeitgeberverbände gegenüber (Tarifautonomie). Wie kann es in dieser Situation zur sogenannten originären Phillips-Kurve kommen? Was bedeuten Ausstiegsklauseln aus dem Flächentarifvertrag oder die Schwächung (Abschaffung) der Gewerkschaftsbewegung für die Existenz der Phillips-Kurve?

b) Was versteht man unter einer Lohnquote? Wie läßt sich daraus eine Regel für die Lohnpolitik entwickeln?

c) Welche Rolle spielt die in Teilaufgabe b) abgeleitete lohnpolitische Formel für die Entwicklung der modifizierten Phillips-Kurve?

d) Erläutern Sie anhand der modifizierten Phillips-Kurve die Wirkung einer expansiven Fiskalpolitik auf Inflation und Beschäftigung. Machen Sie sich die Zusammenhänge an einem Preis-Output-Diagramm des Kapitels 3 klar.

**Aufgabe 2:**

a) Betrachten Sie <u>Abb. 4.1</u> mit Angaben für Westdeutschland. Belegt dies die modifizierte Phillips-Kurve?

b) Die erweiterte modifizierte Phillips-Kurve sei

$$\hat{P} = (a_0 - \hat{p}) + a_1 \frac{1}{AQ} + \alpha \hat{P}^e$$

wobei $\hat{P}^e$ die erwartete Inflationsrate darstellt. Erläutern Sie den Unterschied zwischen einer kurzfristigen und einer langfristigen Phillips-Kurve. Muß eine langfristige Phillips-Kurve existieren?

c) Es sei $\hat{P}^e = \gamma \hat{P}$. Unter welchen Bedingungen erhalten wir die "natürliche" Arbeitslosenquote?

**Aufgabe 3:**

a) Was versteht man unter adaptiven Erwartungen?

b) Die erweiterte modifizierte Phillips-Kurve (siehe Aufgaben 2a) und b)) kann man nicht schätzen, wenn man die Inflationserwartungen ($\hat{P}^e$) nicht kennt. Leiten Sie die kurz- und langfristigen Phillips-Kurven für adaptive Erwartungen ab.

Abb. 4.1: Inflation und Arbeitslosigkeit

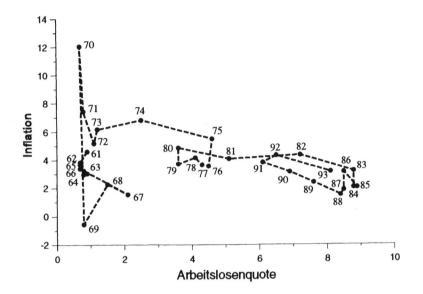

Quelle: Jahresgutachen 1994/95 des Sachverständigenrates zur Begutachtung der gesamtwirtschaftlichen Entwicklung, Deutscher Bundestag, 13. Wahlperiode, Drucksache 13/26,
Tabellen 21 und 27, S. 339, 350f.

c) Beschreiben Sie anhand der Phillips-Kurve graphisch und verbal die kurz-
und langfristigen Wirkungen dauerhaft restriktiver Geldpolitik auf Beschäftigung und Inflation bei Freiheit von Geldillusion.

**Aufgabe 4:**
Der Wirtschaftsminister vertritt die Ansicht:
"Ich bin der festen Überzeugung, daß die Bundesregierung keinerlei Möglichkeit hat, die Arbeitslosigkeit auch nur kurzfristig zu verändern. Deswegen können wir die Inflationsrate senken, ohne negative Auswirkungen auf
die Beschäftigung befürchten zu müssen!"
Erläutern Sie die Annahmen, die dieser Aussage zugrundeliegen, und begründen Sie diese graphisch und formal.

**Aufgabe 5:**

Für die Volkswirtschaft Phantasia wurde folgende Beziehung geschätzt:

$$\hat{P} = \underset{(5,8)}{-0,10} + \underset{(3,4)}{7,00} \; \frac{1}{AQ} + \underset{(15,2)}{0,85} \; \hat{P}^e$$

Die Regressionsanalyse ergab ein $R^2$ von 0,89. Die Werte in Klammern sind t-Werte.

a) Interpretieren Sie die angegebenen ökonometrischen Befunde.

b) Der Präsident von Phantasia plant, durch expansive Fiskalpolitik die Arbeitslosigkeit von 10% auf 5% zu senken, befürchtet jedoch eine steigende Inflationsrate. Berechnen Sie die zu erwartende kurzfristige Veränderung der Inflationsrate. Wie verändert sich das Ergebnis in einer langfristigen Analyse?

**Aufgabe 6:**

In einer Volkswirtschaft herrscht eine konstante Inflationsrate.

a) Alle Wirtschaftssubjekte haben ihre Entscheidungen vollständig an diese Inflationsrate angepaßt. Sehen Sie hier schädliche Auswirkungen der Inflation?

b) Kosten der Inflation können auch durch gesetzliche Regelungen entstehen. Nennen Sie hierfür Beispiele.

**Aufgabe 7:**

Anfang der 20er Jahre herrschte in Deutschland Hyperinflation. Definieren Sie den Begriff Hyperinflation und analysieren Sie, inwiefern in solch einer Situation die Schlußfolgerungen aus Aufgabe 6a) modifiziert werden müssen. Sind Preiskontrollen eine wirksame Maßnahme zur Bekämpfung von Inflation?

**Aufgabe 8:**

Welche Kosten entstehen in einer Volkswirtschaft durch Arbeitslosigkeit?

**Aufgabe 9:**

Eine Volkswirtschaft weist eine völlig preisunelastische Angebotsfunktion auf.

a) Unter welchen Annahmen korrespondiert diese Angebotskurve mit der Phillips-Kurve?

b) Erläutern Sie für diesen Fall das Konzept der natürlichen Arbeitslosenrate.

**Aufgabe 10:**
a) Erläutern Sie anhand einer geeigneten Graphik, was man unter *steady-state-Niveau* des Kapitalstocks versteht.
b) Welchen Einfluß hat eine Erhöhung der Sparquote auf das *steady-state-Niveau* des Kapitalstocks?
c) In den Jahrzehnten nach dem 2. Weltkrieg war die Wirtschaft der Bundesrepublik Deutschland von einem außerordentlich hohen Wirtschaftswachstum gekennzeichnet. In dieser Zeit wurde auch das Schlagwort *Wirtschaftswunder* geprägt. Können Sie dieses *Wunder* mit Hilfe des Konzepts des *steady-state-Niveaus* des Kapitalstocks erklären?

**Aufgabe 11:**
Erläutern Sie graphisch und verbal den Begriff *Goldene Regel der Kapitalakkumulation*.

**Aufgabe 12:**
Viele Demographen prognostizieren für die Bundesrepublik Deutschland in den nächsten Jahrzehnten eine deutliche Abnahme der Bevölkerungswachstumsrate. Welche Wirkung hat diese Bevölkerungsabnahme auf das Wachstum des Gesamtoutputs und des Pro-Kopf-Outputs?

**Aufgabe 13:**
"Bei einer stagnierenden Entwicklung der Bevölkerung ist technischer Fortschritt die einzige Möglichkeit, langfristig ein Wachstum des BSP zu erhalten." Nehmen Sie zu dieser Aussage Stellung.

**Aufgabe 14:**
Nennen Sie wirtschaftspolitische Maßnahmen, die
a) die Sparquote,
b) das Bevölkerungswachstum und
c) den technischen Fortschritt
einer Volkswirtschaft beeinflussen können.

## 4.2 Lösungen

### Aufgabe 1:

a) Die originäre Phillips-Kurve stellt die Arbeitslosenquote dem Nominallohnwachstum gegenüber. Empirisch wurde ein negativer Zusammenhang zwischen beiden Größen festgestellt. Theoretisch gibt es zwei Argumente, die dies durch die Verhältnisse auf dem Arbeitsmarkt erklären können. Herrscht in einer Volkswirtschaft nahezu Vollbeschäftigung, so muß ein Arbeitgeber höhere Löhne anbieten, wenn er neue Arbeitskräfte einstellen möchte. In Zeiten höherer Arbeitslosigkeit ist es den Unternehmen möglich, freie Stellen auch ohne Lohnerhöhungen zu besetzen, da die Arbeitsanbieter in dieser Situation untereinander in Konkurrenz stehen. Bei niedriger Arbeitslosigkeit steigt also das Lohnniveau schneller an als dies in Zeiten hoher Arbeitslosigkeit der Fall ist.

Das zweite Argument berücksichtigt, daß Lohnerhöhungen i.d.R. zwischen Arbeitgeberverbänden und Gewerkschaften ausgehandelt werden. Je höher nun die Arbeitslosenquote ist, umso geringer ist die Verhandlungsmacht der Gewerkschaften und umso stärker die der Unternehmen. Haben die Unternehmer eine starke Verhandlungsmacht, werden die Lohnerhöhungen moderater ausfallen. Hohe Arbeitslosigkeit bedeutet auch hier geringere Nominallohnzuwächse.

Ausstiegsklauseln aus dem Flächentarifvertrag haben keinen Einfluß auf die Existenz der Phillips-Kurve. Bei der Einführung derartiger Ausstiegsklauseln ist zu erwarten, daß es in Gebieten mit hoher Arbeitslosigkeit zu geringeren und in Gebieten mit geringer Arbeitslosigkeit zu höheren Lohnsteigerungen kommen wird. Damit würde sich die Steigung der Phillips-Kurve durch Ausstiegsklauseln aus dem Flächentarifvertrag erhöhen.

b) Die Lohnquote ist der Anteil der Lohnsumme am gesamtwirtschaftlichen nominalen Output:

$$\text{Lohnquote} = \frac{wN}{PY} \, .$$

Berechnet man die Lohnquote in Wachstumsraten, so erhält man unter der Annahme einer konstanten Lohnquote die Beziehung

$$\hat{P} = \hat{w} - \left(\frac{\hat{Y}}{N}\right) = \hat{w} - \hat{\rho} \quad .$$

Diese Beziehung besagt, daß eine Nominallohnerhöhung ($\hat{w} > 0$) dann nicht zu Inflation ($\hat{P}$) führt, wenn sie der Wachstumsrate der Arbeitsproduktivität ($\hat{\rho}$) entspricht.

c) Für die Ableitung der modifizierten Phillips-Kurve aus der originären Phillips-Kurve ist die Annahme einer konstanten Lohnquote von Bedeutung. Die originäre Phillips-Kurve lautet

$$\hat{w} = a_0 + a_1 \frac{1}{AQ} \quad .$$

Die originäre Phillips-Kurve beschreibt einen inversen Zusammenhang zwischen der Wachstumsrate des Nominallohnes ($\hat{w}$) und der Arbeitslosenquote (AQ).

Setzt man die originäre Phillips-Kurve in die produktivitätsorientierte Lohnregel aus Teilaufgabe b) ein, so erhält man die modifizierte Phillips-Kurve

$$\hat{P} = a_0 - \hat{\rho} + a_1 \frac{1}{AQ} \quad .$$

Die modifizierte Phillips-Kurve beschreibt einen negativen Zusammenhang zwischen der Inflationsrate und der Arbeitslosenrate. Dieser negative Zusammenhang wird auch als *Trade-off* bezeichnet.

d) Durch die expansive Fiskalpolitik kommt es zu einer Verringerung der Arbeitslosigkeit und einer Erhöhung der Inflationsrate. In Abb. 4.2 bewegt man sich von Punkt A nach Punkt B. Zu einem dauerhaften Anstieg der Inflationsrate kommt es aber nur, wenn die expansive Fiskalpolitik permanent betrieben wird, d.h. wenn es in jeder Periode wieder zu einer expansiven Maßnahme kommt. In einem Preis-Output-Diagramm (Abb. 4.3) läßt sich dies wie folgt veranschaulichen: Bei steigender gesamtwirtschaftlicher Angebotskurve AS verlagert sich die gesamtwirtschaftliche Nachfragekurve NS nach rechts. Es kommt zu einer einmaligen Preisniveausteigerung. Zu dauerhaften Preisniveausteigerungen (= Inflation) kommt es nur, wenn in jeder Periode ein neuer zusätzlicher Fiskalimpuls entsteht.

Abb. 4.2: Modifizierte Phillips-Kurve

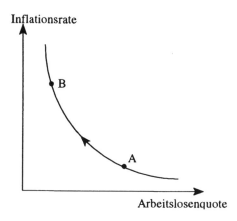

Abb. 4.3: Expansive Fiskalpolitik im Preis-Output-Diagramm

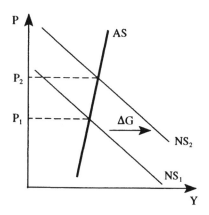

Aufgabe 2:

a) Abb. 4.1 macht deutlich, daß ein Trade-off für die Gesamtperiode nicht vorliegt. Allerdings gibt es drei Unterperioden (vor 1974, 1974-1981 und nach 1981), für die eine Phillips-Kurve existiert. Offensichtlich gibt es nur kurzfristig eine stabile Kurve. Dies deutet darauf hin, daß in der Gleichung für die Phillips-Kurve eine wichtige erklärende Variable (z.B. die Inflationserwartung) fehlt.

b) Für gegebene Inflationserwartungen $\hat{P}^e$ liegt eine kurzfristige Phillips-Kurve vor. Langfristig wird $\hat{P}^e = \hat{P}$ angenommen. Die langfristige Phillips-Kurve ist dann

$$\hat{P} = \frac{a_0 - \hat{\rho}}{(1 - \alpha)} + \frac{a_1}{(1 - \alpha)} \frac{1}{AQ} \ ,$$

also steiler als die kurzfristige Kurve. Die langfristige Kurve fällt umso steiler ab, je näher $\alpha$ bei 1 liegt. Für $\alpha = 1$ liegt Freiheit von Geldillusion vor und es existiert in der langen Frist kein Trade-off zwischen Inflation und Arbeitslosigkeit. Die graphische Aufarbeitung findet sich in Abb. 4.4.

Abb. 4.4: Phillips-Kurve, Inflationserwartungen und Geldillusion

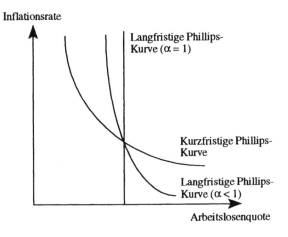

c) $\gamma \, (\gamma > 0)$ legt als einfache Inflationserwartungshypothese fest, ob die Wirtschaftssubjekte die Inflationsentwicklung unterschätzen ($\gamma < 1$), überschätzen ($\gamma > 1$) oder korrekt antizipieren ($\gamma = 1$). Es gilt:

$$(1 - \alpha \gamma) \hat{P} = (a_0 - \hat{\rho}) + a_1 \frac{1}{AQ}$$

Falls $(1 - \alpha \gamma) = 0$, folgt

$$\overline{AQ} = \frac{a_1}{\hat{\rho} - a_0} \quad .$$

Die Arbeitslosenquote $\overline{AQ}$ stellt die "natürliche" Arbeitslosigkeit dar, die durch Nachfragepolitik (sowohl Geld-, als auch Fiskalpolitik) nicht beseitigt werden kann.

**Aufgabe 3:**

a) *Konzept der adaptiven Erwartungen:*
Die Inflationserwartung $\hat{P}^e$ der gegenwärtigen Periode ergibt sich aus den Inflationserwartungen der Vergangenheit korrigiert um einen Anteil des Schätzfehlers der vorhergehenden Periode als Anpassungskoeffizient $\lambda$ $(0 \le \lambda \le 1)$, der die Korrektur quantifiziert. Man spricht deshalb auch von einem *Fehler-Korrektur-Modell.*

$$\hat{P}^e_t - \hat{P}^e_{t-1} = \lambda \, (\hat{P}_{t-1} - \hat{P}^e_{t-1})$$

Die Anpassung ist umso rascher, je näher $\lambda$ bei 1 liegt. Für $\lambda = 1$ wird die Erwartung voll um den Fehler korrigiert. Dann gilt $\hat{P}^e_t = \hat{P}_{t-1}$. Für $\lambda = 0$ erfolgt keine Korrektur und es liegen statische Erwartungen vor.

b) Aus dem Modell adaptiver Erwartungen folgt

$$(i) \quad \hat{P}^e_t - (1 - \lambda) \, \hat{P}^e_{t-1} = \lambda \, \hat{P}_{t-1} \quad .$$

Die Phillips-Kurve mit Inflationserwartungen lautet:

$$(ii) \quad \hat{P}_t = (a_0 - \hat{\rho}) + a_1 \frac{1}{AQ_t} + \alpha \, \hat{P}^e_t$$

Für Periode $t - 1$ und multipliziert mit $(1 - \lambda)$ erhält man:

$$(iii) \quad (1 - \lambda) \hat{P}_{t-1} = (1 - \lambda)(a_0 - \hat{\rho}) + (1 - \lambda) a_1 \frac{1}{AQ_{t-1}}$$
$$+ (1 - \lambda) \alpha \, \hat{P}^e_{t-1}$$

Ziehen wir (iii) von (ii) ab, so folgt:

(iv) $\hat{P}_t = (1 - \lambda)\hat{P}_{t-1} + \lambda(a_0 - \hat{\rho}) + a_1 \dfrac{1}{AQ_t}$

$\qquad - (1 - \lambda)a_1 \dfrac{1}{AQ_{t-1}} + \alpha\left[\hat{P}^e_t - (1 - \lambda)\hat{P}^e_{t-1}\right]$

Wegen (i) folgt:

(v) $\hat{P}_t = \lambda(a_0 - \hat{\rho}) + a_1 \dfrac{1}{AQ_t} - (1 - \lambda)a_1 \dfrac{1}{AQ_{t-1}}$

$\qquad + (1 - \lambda + \alpha\lambda)\hat{P}_{t-1}$

Das ist die kurzfristige Phillips-Kurve. Für $t = t - 1$ (langfristige Analyse) folgt:

$$\hat{P}_t(1 - 1 + \lambda - \alpha\lambda) = \lambda(a_0 - \hat{\rho}) + \lambda a_1 \dfrac{1}{AQ_t}$$

$$\hat{P}_t \lambda(1 - \alpha) = \lambda(a_0 - \hat{\rho}) + \lambda a_1 \dfrac{1}{AQ_t}$$

(vi) $\hat{P}_t = \dfrac{a_0 - \hat{\rho}}{(1 - \alpha)} + \dfrac{a_1}{(1 - \alpha)} \dfrac{1}{AQ_t}$

Die Phillips-Kurve existiert langfristig, wenn $\alpha < 1$ und somit Geldillusion vorliegt. Für $\alpha = 1$ existiert langfristig kein Trade-off zwischen Inflation und Arbeitslosigkeit.

c) Eine restriktive Geldpolitik hat zur Folge, daß die gesamtwirtschaftliche Nachfrage fällt. Die Inflationsrate geht zurück. Kurzfristig steigt der Reallohn und die Arbeitslosenquote. Man bewegt sich in <u>Abb. 4.5</u> auf der kurzfristigen Phillips-Kurve $K_0$ von Punkt A nach Punkt B. Mit der Zeit passen die Wirtschaftssubjekte ihre Inflationserwartungen an die neue Inflationsrate an. Es werden geringere Nominallohnzuwächse gefordert und das Reallohnniveau paßt sich wieder dem Reallohnniveau vor der Änderung der

Geldmenge an. Man bewegt sich schrittweise über Punkt C (auf $K_1$) nach D (auf $K_2$). Langfristig kommt es bei gesunkener Inflationsrate zu keiner Veränderung des Reallohnniveaus und der Arbeitslosenquote. Man endet auf der langfristigen Phillips-Kurve L in Punkt D.

<u>Abb. 4.5</u>: Kurz- und langfristige Phillips-Kurven

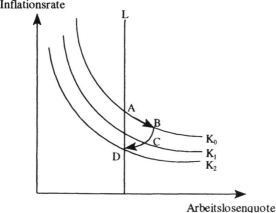

**Aufgabe 4:**

Der Wirtschaftsminister geht davon aus, daß keine Geldillusion der Arbeitsanbieter vorliegt, d.h. $\alpha = 1$. Außerdem unterstellt er, daß die Wirtschaftssubjekte rationale Erwartungen haben. Unter rationalen Erwartungen versteht man, daß die Wirtschaftssubjekte ihre Erwartungen unter Ausnutzung aller relevanten Informationen über den Wirtschaftsprozeß bilden. Die Erwartungen werden dann im Zeitablauf keine systematischen Fehler aufweisen, sondern sind rein zufallsbedingt. Formal ergibt sich für die rationalen Erwartungen

$$\hat{P}^e_t = \hat{P}_t + u_t \; ,$$

wobei $u_t$ eine zufällige Störgröße darstellt. Damit rationale Erwartungen vorliegen können, muß der Erwartungswert von $u_t$ Null sein und die Fehler dürfen über die Zeit hinweg nicht korrelieren.

Liegt rationale Erwartungsbildung und Freiheit von Geldillusion vor (letzteres wird im Zusammenhang mit rationalen Erwartungen immer unterstellt), so sind die kurz- und langfristige Phillips-Kurve identisch (<u>Abb. 4.6</u>). Formal gilt:

$$\hat{P} = a_0 - \hat{\rho} + a_1 \frac{1}{AQ} + \hat{P} + u, \text{ bzw.}$$

$$0 = a_0 - \hat{\rho} + a_1 \frac{1}{AQ} + u.$$

Im Gegensatz zur Situation der adaptiven Erwartungen existiert bei rationalen Erwartungen auch kurzfristig kein Trade-off zwischen Inflation und Arbeitslosigkeit. Eine Reduktion der Arbeitslosigkeit kann nur erfolgen, wenn die Wirtschaftssubjekte von der Wirtschaftspolitik überrascht werden. Langfristig gibt es ohnehin keinen Trade-off. Die tatsächliche Arbeitslosenquote schwankt zufällig:

$$AQ = \frac{-a_1}{a_0 - \hat{\rho} + u}$$

<u>Abb. 4.6</u>: Phillips-Kurve bei rationalen Erwartungen und Freiheit von Geldillusion

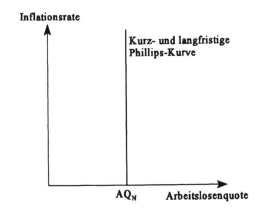

**Aufgabe 5:**

a) Es handelt sich hierbei um eine um Erwartungen erweiterte modifizierte Phillips-Kurve. Alle geschätzten Koeffizienten sind signifikant von Null verschieden, da alle t-Werte $\geq 2$ sind. Die Arbeitslosenrate hat den erwarteten negativen Einfluß auf die Inflationsrate (steigt AQ, sinkt die Inflationsrate), d.h es existiert ein Trade-off. Die erwartete Inflationsrate hat einen positiven Einfluß auf die tatsächliche Inflationsrate. Der Koeffizient von $\hat{P}^e$ liegt nahe bei 1, d.h. es liegt eine relativ steile Phillips-Kurve vor. Der Wert der t-Statistik für die Hypothese $\alpha = 1$ beträgt -2,68. Damit kann die Hypothese der Freiheit von Geldillusion abgelehnt werden. Da $R^2 = 0,89$ nahe bei 1 ist, liegt eine relativ gute Schätzung vor. 89% der Varianz von $\hat{P}$ können durch das Modell erklärt werden.

b) *Kurzfristige Wirkungen:*
Man muß die sich aus der Schätzgleichung ergebende Inflationsrate bei AQ = 5 und AQ = 10 berechnen:

AQ = 5:          $\hat{P} = -0,10 + 7,00\dfrac{1}{5} + 0,85\,\hat{P}^e$

AQ = 10:          $\hat{P} = -0,10 + 7,00\dfrac{1}{10} + 0,85\,\hat{P}^e$ .

Die Differenz zwischen diesen beiden Schätzungen der Inflationsrate ist:
7,00 (1/5 - 1/10) = 0,7.
Kurzfristig erhöht sich die Inflationsrate um 0,7 Prozentpunkte, wenn die Arbeitslosenquote von 10% auf 5% fällt, d.h. eine große Verringerung der Arbeitslosenquote hat kurzfristig nur einen kleinen Anstieg der Inflationsrate zur Folge. Kurzfristig besteht ein günstiger Trade-off, die Phillips-Kurve verläuft flach.

*Langfristige Wirkungen:*
Es muß die langfristige Phillips-Kurve abgeleitet werden. Unter der Annahme, daß langfristig die tatsächliche gleich der erwarteten Inflationsrate ist, gilt

$$\hat{P} = -\frac{0,10}{1 - 0,85} + \frac{7,00}{1 - 0,85}\frac{1}{AQ} = -0,67 + 46,67\frac{1}{AQ} .$$

Vergleicht man für diese langfristige Beziehung wiederum die geschätzte Inflationsrate bei AQ = 5 und AQ = 10, so erhält man:
46,67 ( 1/5 - 1/10) = 4,67
Fällt die Arbeitslosenrate von 10% auf 5%, so hat dies langfristig einen Anstieg der Inflationsrate um 4,67 Prozentpunkte zur Folge. Der Trade-off

ist nicht mehr so günstig wie im kurzfristigen Fall.

**Aufgabe 6:**

a) Auch bei vollständiger Anpassung der Wirtschaftssubjekte an die konstante
Inflationsrate entstehen Kosten:
- *Shoe-leather-costs*:
  Diese Kosten entstehen bei Haltung von Bargeld und Depositen. Das Auf-
  treten von Inflation bewirkt einen Kaufkraftverlust in Höhe der Inflations-
  rate. Die Opportunitätskosten der Geldhaltung steigen, daher reduzieren die
  Wirtschaftssubjekte ihre Kassenhaltung. Bei gleichem Einkommen und
  gleichem Ausgabenverhalten müssen die Wirtschaftssubjekte die Zahl der
  Umtauschtransaktionen von Wertpapieren in Geld bei ihrer Bank erhöhen,
  so daß die Transaktionskosten (Zeitaufwand, Buchungskosten) steigen.
- *menue-costs*:
  Inflation bedeutet laufende Preisänderungen, die von den Verkäufern der
  Güter und Dienstleistungen bekanntgegeben werden müssen. Dazu müssen
  reale Ressourcen aufgewendet werden, deren Verbrauch Kosten verursacht
  (z.B. Drucken neuer Preislisten).

b) Eine vollständige Anpassung der Wirtschaftssubjekte an die Inflation kann
  durch den institutionellen Rahmen einer Volkswirtschaft verhindert werden.
  Manche gesetzlichen Regelungen verursachen zusätzliche Kosten. Kosten,
  die selbst bei vollständiger Anpassung der Wirtschaftssubjekte an die Inflation entstehen, sind z.B. folgende:
- *Kosten durch das Steuersystem*:
  Selbst bei einer korrekten Antizipation der Inflation entstehen durch eine
  *progressive Einkommensteuer* Kosten der Inflation. Liegt eine proportionale
  Steuer vor (konstanter Steuersatz bei steigendem Einkommen), so bleibt das
  reale Nettoeinkommen konstant, es werden prozentual nicht mehr Steuern
  gezahlt und das Arbeitsangebot bleibt konstant. Bei einer progressiven
  Steuer hingegen (steigender Steuersatz bei steigendem Einkommen) steigt
  bei nominal höherem Einkommen der Steuersatz, so daß das real verfügbare
  Einkommen verringert wird. Die Haushalte reduzieren das Arbeitsangebot
  und konsumieren und sparen weniger.
- *Besteuerung nominaler Gewinne von Unternehmen durch die Körper-*

*schaftsteuer*:
Die Unternehmer dürfen beschaffte Waren nur zum Anschaffungspreis, nicht jedoch mit dem Wiederbeschaffungswert als Aufwand ansetzen. Steigen während der Lagerzeit die Preise für diese Waren, so wird beim Verkauf oder bei der Verwendung in der Produktion ein Gewinn vorgetäuscht, der nicht real ist. Auf diesen nichtrealen Gewinn müssen Steuern gezahlt werden. Damit ist der reale Gewinn nach Steuern niedriger als bei einer Realbesteuerung. Tendenziell sinken dadurch die Investitionen, die durch einbehaltene Gewinne finanziert werden (Unternehmen sparen weniger). Das hat negative Wachstumseffekte.

- *Besteuerung nominaler Zinseinnahmen*:
Die Nominalverzinsung besteht aus Realzins und Inflationsausgleich. Bei einer Besteuerung von Nominalzinsen wird im Gegensatz zur Realzinsbesteuerung auch die Ausgleichsprämie für die Inflation besteuert. Die Inflationsprämie (II) sinkt dann von II auf $(1-\tau)$II, wobei $\tau$ den Steuersatz bezeichnet. Tendenziell sinkt das Sparvolumen und ein negativer Wachstumseffekt tritt ein.


**Aufgabe 7:**


Unter Hyperinflation versteht man das Auftreten sehr hoher Inflationsraten, die über einen längeren Zeitraum ständig größer werden. Deswegen fallen Prognosen schwerer, Prognosefehler werden häufiger und größer, und es ergibt sich ein höheres Maß an Unsicherheit bezüglich der Konsequenzen ökonomischer Entscheidungen. Diese Tatsache verursacht Kosten, die zwar schwer zu quantifizieren sind, denen aber trotzdem im Vergleich zu den Kostenkategorien aus Aufgabe 6 eine große Bedeutung zukommt.
- Die Preise verlieren ihre Informations- und Lenkungsfunktion. Es kann nicht unterschieden werden, ob eine Preissteigerung aufgrund von Qualitätsverbesserung bzw. veränderter Knappheitsverhältnisse oder wegen der Inflation eintritt. Es kommt zu Fehlentscheidungen und zu Fehlallokationen. Preisvergleiche im Zeitablauf werden aufwendiger. Die Informationsbeschaffungszeit und die Informationsbeschaffungskosten steigen.
- Es existiert ein hohes Risiko bei Geschäften, die durch das Auftreten von Inflation betroffen sind, da die zukünftige Situation ungewiß ist. Langfristige Projekte werden tendenziell vermieden, die effiziente Allokation wird

verzerrt. Beispielsweise geht die Hypothekengewährung zurück, obwohl eine Inflationsausgleichsprämie in den Nominalzinsen enthalten ist, da große Unsicherheit über die Höhe der zukünftigen Inflationsrate herrscht und zusätzliche Ressourcen aufgewendet werden müssen, um diejenigen Wirtschaftssubjekte zu kompensieren, die das Risiko übernehmen (bei Risikoaversion sinkt deren Nutzen).

- Der Ressourceneinsatz, der zur Reduzierung der mit dem Inflationsrisiko verbundenen Unsicherheit aufgewendet werden muß, steigt (steigende Prognosetätigkeit, Entwicklung von Methoden zur Vermeidung des Risikos). Diese Ressourcen fehlen bei der Produktion und Einkommenserzielung.

- Gefahr der Entstehung einer Tauschwirtschaft: Die Transaktionskosten steigen ins Unendliche, da sich die Zahl der Austauschverhältnisse bei n Gütern von $(n-1)$ auf $(n^2-n)/2$ erhöht, es kommt zu Ressourcenverschwendung.

    *Preiskontrollen* gelten meist nur für bestimmte Güter (z.b. Nahrungsmittel, Wohnraum) und verursachen folgende Probleme:

- Verzerrung des Marktpreissystems, da relative Preise künstlich verändert werden, so daß sie nicht mehr die wahren Knappheitsverhältnisse wiederspiegeln, d.h. die Lenkungsfunktion der Marktpreise wird beeinträchtigt.

- Es kann zu einer Angebotsverknappung kommen, da sich die Produktion nicht mehr lohnt.

- Es besteht die Gefahr der Bildung von Schwarzmärkten. Dann ist die Preiskontrolle erfolglos. Es entsteht ein zusätzlicher Preisdruck nach oben und eine ungerechtere Güterverteilung kann daraus resultieren.

- Weiterhin besteht die Gefahr, daß die Inflation aufgestaut wird und nach Freigabe der Preise explodiert.


**Aufgabe 8:**


- *Fiskalische Kosten*:
    Darunter versteht man diejenigen Kosten der Arbeitslosigkeit, die den öffentlichen Haushalten direkt zurechenbar sind.

    Dabei müssen sowohl Ausgaben, wie auch Mindereinnahmen betrachtet werden. Ausgaben fallen an für Arbeitslosengeld, Arbeitslosenhilfe, Sozialhilfe und Wohngeld. Auf Einnahmen verzichten müssen die öffentlichen Haushalte bei der Einkommenssteuer, bei indirekten Steuern und bei den

Beiträgen zur Arbeitslosenversicherung. Bezüglich der Renten-, Kranken- und Pflegeversicherung werden die öffentlichen Haushalte sogar doppelt belastet. Nicht nur, daß dem Staat hier Einnahmen durch die Arbeitslosigkeit entgehen, er muß zusätzlich auch für die Beiträge der Arbeitslosen aufkommen.

- *Kosten des entgangenen Outputs*:
Darunter versteht man diejenigen Kosten einer Volkswirtschaft, die dadurch entstehen, daß die Wirtschaft nicht auf ihrem Vollbeschäftigungsniveau produziert.

Eine grobe Abschätzung dieser Kosten ist mit Hilfe des Okun'schen Gesetzes möglich. Eine einfache Variante dieses Gesetzes besagt, daß das reale Bruttosozialprodukt um 2,5% steigt, wenn sich die Arbeitslosigkeit um 1% verringert. Folgt man empirischen Untersuchungen, so betrug 1995 die Arbeitslosenquote 10,4% und die natürliche Arbeitslosenquote ca. 6%. Der durch Arbeitslosigkeit verursachte Ausfall an Output betrug 1995 demnach:
$$(10,4\% - 6\%) \cdot 2,5\% = 11\%.$$
Bei einem Bruttosozialproduktsniveau von 3450 Mrd. DM im Jahr 1995 entspricht dies 379,5 Mrd. DM.

- *Weitere Kosten*:
Kosten, die sich nur sehr schwer quantifizieren lassen, wie Verlust an Humankapital und psychische Folgen der Arbeitslosigkeit, etc.

**Aufgabe 9:**

a) Eine völlig preisunelastische Angebotsfunktion liegt vor, wenn
   - die Arbeitnehmer keiner Geldillusion unterliegen und
   - die Preiserwartungen korrekt sind.

In diesem Fall ist die Angebotsfunktion senkrecht. Genau in diesem Fall ist auch die um Erwartungen erweiterte Phillips-Kurve senkrecht, die Beschäftigung ist unabhängig vom Preisniveau (siehe Aufgabe 3).

b) Als natürliche Arbeitslosigkeit wird diejenige Arbeitslosigkeit bezeichnet, die sich bei einem Gleichgewicht auf allen Märkten einstellt. Die natürliche Arbeitslosigkeit wird von den institutionellen Rahmenbedingungen und der Struktur einer Volkswirtschaft bestimmt und kann von Fiskal- oder Geldpolitik nicht dauerhaft beeinflußt werden.

*Probleme des Konzepts:*
- Wie kann die natürliche Arbeitslosigkeit bestimmt werden? Dazu müssen restriktive Annahmen gemacht werden. (Siehe Aufgabe 2)
- Die natürliche Arbeitslosigkeit kann im Zeitablauf variieren (z.B. durch technischen Fortschritt).

**Aufgabe 10:**

a) Die Sparquote s wird als konstant angenommen. In einer geschlossenen Volkswirtschaft gilt, daß die Investitionen mit der Ersparnis übereinstimmt. Da die Pro-Kopf-Produktionsfunktion $y = y(k)$ ist, gilt somit:

$i = s\ y(k)$,

wobei i die Pro-Kopf-Investitionen und k die Kapitalintensität (Kapitalausstattung pro Kopf K/N) bezeichnen. Es wird weiterhin unterstellt, daß das Kapital mit einer konstanten Rate $\delta$ verschleißt. Damit ergibt sich die Höhe der Abschreibungen als $\delta k$. Das *steady-state-Niveau* des Kapitalstocks k* ist dasjenige Niveau, bei dem die Ersparnis bzw. die Investitionen und die

<u>Abb. 4.7</u>: Steady-State-Niveau des Kapitalstocks

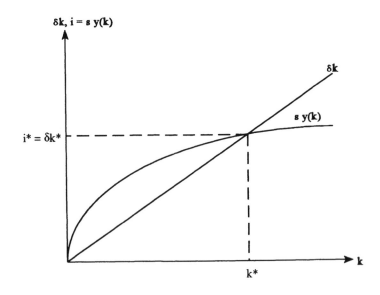

Abschreibungen übereinstimmen (Abb. 4.7), d.h. im Steady-state wird genauso viel investiert, daß die Kapitalausstattung pro Beschäftigtem konstant bleibt. Für eine Kapitalintensität k, die kleiner ist als k*, übersteigen die Investitionen die Abschreibungen. Damit wächst der Kapitalstock (und damit die Kapitalausstattung pro Kopf) und nähert sich dem *steady-state-Niveau* k* an. Ist die Kapitalintensität hingegen größer als k*, sind die Investitionen geringer als die Abschreibungen, so daß der Kapitalstock sinkt.

b) Eine Zunahme der Sparquote von $s_1$ auf $s_2$ impliziert für eine gegebene Kapitalausstattung pro Kopf $k_1$ ein höheres Investitionsvolumen. Die Sparfunktion verschiebt sich von $s_1 y(k)$ auf $s_2 y(k)$ (Abb. 4.8). Bezogen auf den ursprünglichen *steady-state*-Kapitalstock sind die Investitionen nun höher als die Abschreibungen. Die Kapitalintensität nimmt solange zu, bis die Wirtschaft ein neues Gleichgewicht mit einer höheren *steady-state*-Kapitalintensität $k_2{}^*$ erreicht hat. Aufgrund der Erhöhung der Sparquote steigt demnach der Kapitalstock und der Output.

Abb. 4.8: Änderung des Steady-States durch eine Zunahme der Sparquote

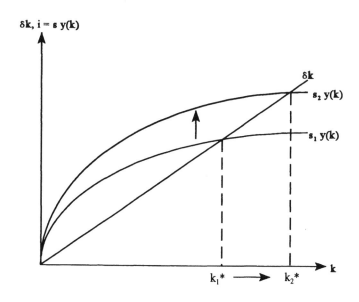

c) Es soll angenommen werden, daß sich die deutsche Ökonomie vor dem 2. Weltkrieg in einem stationärem Zustand mit einem *steady-state*-Kapital-

stock k* befunden hat. Der Krieg führte zu einer Zerstörung des Kapital-
stocks. Der Kapitalstock nach Kriegsende solle $k_1$ betragen (<u>Abb. 4.9</u>).
Diese Kapitalstockverringerung bewirkte eine Verringerung des Outputs.
Bei diesem niedrigen Kapitalstock sind unter der Annahme einer konstanten
Sparquote jedoch die Investitionen $i_1$ höher als die Abschreibungen $\delta k_1$.
Der Output steigt, weil durch die Investitionen der Kapitalstock stärker
wächst als er durch die Abschreibungen verschlissen wird. Die Folge ist ein
überdurchschnittliches Outputwachstum, obwohl die Zerstörung des Kapi-
talstocks die Produktion unmittelbar nach dem Krieg verringert hat. Das
*Wirtschaftswunder* ist im Rahmen dieses Wachstumsmodells also leicht zu
erklären.

<u>Abb. 4.9</u>: Wirtschaftswunder anhand des Wachstumsmodells

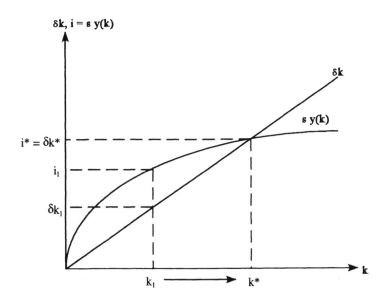

### Aufgabe 11:

Die Pro-Kopf-Produktion y(k) wird für Konsum und Investitionen verwendet.
Außerdem herrscht in einem stationärem Zustand Gleicheit zwischen Investitionen und Abschreibungen. Daraus folgt, daß sich in einem stationären Zustand
der Konsum als Differenz zwischen der Produktion y(k*) und den Abschreibun-

gen δk* ergibt. Der Konsum in einem stationären Zustand wird graphisch dann maximiert, wenn der Abstand zwischen der δk*-Kurve und y(k*)-Kurve maximal ist. Dies ist dort der Fall, wo eine Parallele zur δk*-Kurve die Produktionsfunktion y(k*) tangiert (Abb. 4.10). Als maximaler Konsum ergibt sich somit c**. Der stationäre Zustand, bei dem der Konsum maximal ist, wird als *steady-state der Goldenen Regel der Kapitalakkumulation* bezeichnet. Der Kapitalstock der Goldenen Regel ergibt sich als k**. Da die Steigung der δk*-Kurve im stationären Zustand der Goldenen Regel gleich der Steigung der Produktionsfunktion ist, gilt in diesem Zustand, daß das Grenzprodukt des Kapitals (= erste Ableitung der Produktionsfunktion y(k) nach k) gleich der Abschreibungsrate δ ist.

<u>Abb. 4.10</u>: Steady-State der Goldenen Regel der Kapitalakkumulation

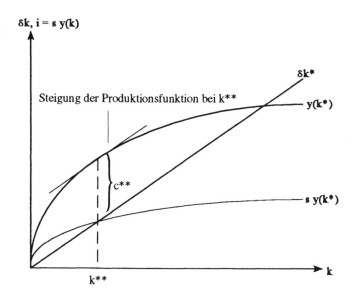

**Aufgabe 12:**

Um den Pro-Kopf-Kapitalstock in einer wachsenden Bevölkerung konstant zu halten, muß in jeder Periode nicht nur soviel investiert werden, um den Verschleiß des Kapitalstocks (=Abschreibungen) auszugleichen, sondern jeder neue Arbeiter muß mit demselben Kapitalstock ausgestattet werden, wie die schon vorhandene Bevölkerung. Es muß demnach in einem stationärem Zustand gelten:

$$i = \delta k + nk = (\delta + n)k,$$

wobei n die Wachstumsrate der Bevölkerung bezeichnet. In einem stationären Zustand verändert sich der Pro-Kopf-Kapitalstock und die Pro-Kopf-Produktion selbst bei wachsender Bevölkerung nicht. Da aber die Anzahl der Erwerbstätigen mit der Rate n wächst, wächst auch der Kapitalstock und der Gesamtoutput mit der Rate n.

Kommt es nun zu einer Verringerung der Bevölkerungswachstumsrate, dreht sich die $(\delta + n)k$-Kurve im Ursprung nach unten. Im neuen stationären Zustand ist die Pro-Kopf-Kapitalausstattung von $k_1^*$ auf $k_2^*$ gestiegen (Abb. 4.11). Die Bevölkerungsabnahme wird unter den Annahmen dieses Wachstumsmodells demnach zu einer Erhöhung des Pro-Kopf-Outputs führen. Da aber die Anzahl der Erwerbstätigen nun mit einer geringeren Rate wächst, wächst auch der Pro-Kopf-Kapitalstock und der Gesamtoutput mit einer geringeren Rate.

Abb. 4.11: Rückgang des Bevölkerungswachstums im Wachstumsmodell

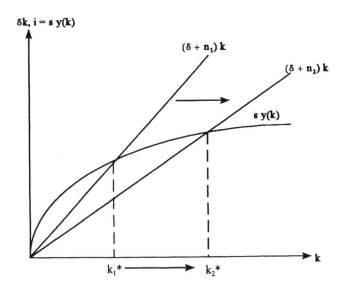

**Aufgabe 13:**

Arbeitsvermehrender technischer Fortschritt läßt sich analog zur Bevölkerungswachstumsrate in das Wachstumsmodell integrieren. Dazu ist nur nötig, die bisherige Analyse in Mengen pro Effizienzeinheiten der Arbeit durchzuführen. In diesem Fall können alle Größen wie bisher geschrieben werden. Die Kapitalintensität wird jetzt definiert als Kapitalstock pro Effizienzeinheiten der Arbeit. Eine durch den technologischen Fortschritt hervorgerufene Erhöhung der Effizienzeinheiten führt dadurch zu einer Verminderung von k. In einem stationärem Zustand müssen nun die Investitionen i = s y(k) zusätzlich die Verminderung des Kapitalintensität k ausgleichen, die durch den technischen Fortschritt bedingt ist. Der technische Fortschritt kann interpretiert werden als Wachstumsrate der Arbeitseffizienz eines Erwerbstätigen und wird mit g bezeichnet. Insgesamt müssen die Investitionen die Abschreibungen, das Bevölkerungswachstum und den technologischen Fortschritt ausgleichen. In einem stationärem Zustand ist nun der Kapitalstock und der Output pro Effizienzeinheit konstant. Die Arbeitseffizienz eines Erwerbstätigen wächst jedoch mit der Rate des arbeitsvermehrenden technischen Fortschritts g. Damit steigt auch der Pro-Kopf-Output mit der Rate g und der Gesamtoutput mit der Rate n + g (Abb. 4.12). Bei einer stagnierenden Bevölkerungsentwicklung ist daher technischer Fortschritt die einzige Möglichkeit, langfristig ein Wachstum des BSP zu erreichen.

Abb. 4.12: Technischer Fortschritt im Wachstumsmodell

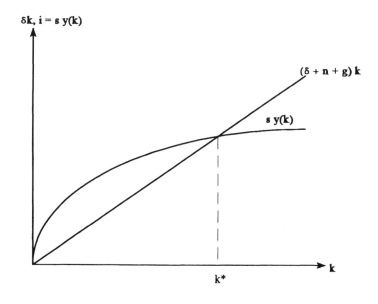

**Aufgabe 14:**

a) Zum einen kann die staatliche Ersparnis (= Differenz zwischen den Einnahmen und den Ausgaben des Staates) erhöht werden.

Die Ersparnis der Haushalte kann in vielfältiger Weise beeinflußt werden. Beispielsweise erhöht die Steuerbefreiung der privaten Altersversicherung die Erträge einer derartigen Anlage und stimuliert damit die private Ersparnis.

b) Wirtschaftspolitische Maßnahmen zur Beeinflussung des Bevölkerungswachstums liegen vor allem in der Familienpolitik. So erhöhen Steuervorteile für Kinder (Kinderfreibetrag oder Kindergeld) tendenziell den Anreiz, Kinder zu bekommen.

c) Technologischer Fortschritt kann z.b. durch Forschungsförderung stimuliert werden. Auch das Patentrecht erhöht tendenziell die Entwicklung neuer Produkte, da dem Erfinder ein temporäres Monopol gewährt wird.

# Kapitel 5: Wirtschaftspolitik

## 5.1 Übungsaufgaben

### Aufgabe 1:

In einer Volkswirtschaft liege die Auslastung der Kapazitäten weit über der Normalauslastung. Bisher ist es noch nicht zu Preissteigerungen gekommen. Sie kündigen sich aber wegen der Überhitzung an.

a) Welche Politik sollte die Regierung nach keynesianischer Auffassung in dieser Situation verfolgen?

b) Erläutern Sie die Wirkung dieser Politik anhand eines IS/LM-Diagramms. Wie entwickeln sich die einzelnen Komponenten der Gesamtnachfrage?

### Aufgabe 2:

In einem Staat ist die Regierung von der bisher durchgeführten keynesianischen Wirtschaftspolitik enttäuscht, da sie zu Stagflation geführt hat.

a) Erklären Sie den Begriff Stagflation.

b) Warum hat Ihrer Meinung nach die keynesianische Politik versagt?

### Aufgabe 3:

Von vielen Wirtschaftswissenschaftlern wird eine Regelbindung der Wirtschaftspolitik gefordert, d.h. die Politik sollte dazu gezwungen werden, im vorhinein festzulegen und anzukündigen, welche Maßnahmen in bestimmten wirtschaftlichen Situationen ergriffen werden. Welche Argumente sprechen für und gegen eine derartige Regelbindung?

### Aufgabe 4:

Ein Beispiel regelgebundener Fiskalpolitik ist die Forderung der Republikanischen Partei in den USA, staatliche Budgetdefizite gesetzlich zu verbieten und die bestehende Staatsverschuldung zurückzuführen.

a) Analysieren Sie die Wirkungen der Rückführung der Staatsverschuldung auf Produktion, Beschäftigung und Preisniveau.

b) Gegner eines gesetzlich festgelegten Budgetausgleiches weisen darauf hin, daß ein solches Gesetz eine destabilisierende Wirkung auf die Wirtschaft haben könnte. Geben Sie eine Begründung für diese Aussage.

c) Gibt es weitere Argumente, die gegen einen gesetzlich festgelegten Budgetausgleich sprechen?

**Aufgabe 5:**
a) Erläutern Sie die Zielrichtung einer *angebotsorientierten Wirtschaftspolitik.*
b) Im Rahmen der Diskussion zur Senkung der Arbeitslosigkeit hat die Regierung der Bundesrepublik Deutschland im Januar 1996 die Kernpunkte ihres Aktionsprogramms zur Belebung der Wirtschaft vorgestellt. Werden in diesem Programm Maßnahmen angekündigt, die man unter dem Begriff *angebotsorientierte Wirtschaftspolitik* einordnen könnte?
c) Erläutern Sie graphisch die Wirkung angebotsorientierter Wirtschaftspolitik auf Output, Preisniveau und Beschäftigung.

**Aufgabe 6:**
a) "Inflation ist ein rein monetäres Phänomen". Erläutern Sie die hinter dieser Aussage stehende makroökonomische Theorie.
b) Welche Konsequenzen hat die Gültigkeit dieser Theorie für den Geldmarkt? Wie kann dies empirisch überprüft werden?
c) Erklären Sie mit Hilfe eines IS/LM-Diagramms, wie eine Erhöhung der staatlichen Güternachfrage bei Gültigkeit dieser Theorie wirkt, wenn das Preisniveau fest ist.

**Aufgabe 7:**
Die Deutsche Bundesbank legt jährlich einen Zielkorridor für die Geldmengenentwicklung fest.
a) Erläutern Sie, wie die Bundesbank das jährliche Geldmengenziel auf Basis der monetaristischen Theorie festlegen müßte.
b) Betrachten Sie die Abb. 5.1. Folgt die Deutsche Bundesbank eng der von der monetaristischen Theorie vorgegebenen Geldmengenregel?
c) Die Deutsche Bundesbank wird immer wieder aufgefordert, ihre geldmengenstabilisierende Politik aufzugeben und eine zinsstabilisierende Geldpolitik zu betreiben. Erläutern Sie graphisch mit einem IS/LM-Diagramm, welche Wirkungen sich ergeben, wenn die Bundesbank eine expansive Fiskalpolitik mit zins- bzw. geldmengenstabilisierender Politik begleitet.

**Aufgabe 8:**
"Eine zinsfixierende Geldpolitik kann im Gegensatz zu einer Fixierung der Geldmenge Konjunkturschwankungen vermeiden." Nehmen Sie Stellung!

Abb. 5.1: Geldmengenziele in der BRD: 1973-1993*

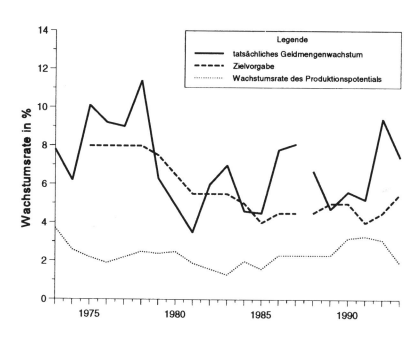

* Bis 1987 Wachstum der Zentralbankgeldmenge, ab 1988 Wachstum der Geldmenge M3. In den Jahren 1976-1978 Werte für den durchschnittlichen Zuwachs innerhalb eines Jahres, sonst Zuwachs im letzten Quartal eines Jahres bezogen auf das letzte Quartal des Vorjahres.

Quelle: Monatsberichte und Geschäftsberichte der Deutschen Bundesbank, div. Jahrgänge.

**Aufgabe 9:**

In der makroökonomischen Theorie haben sich zwar Annäherungen zwischen Keynesianern und Monetaristen ergeben, es bestehen jedoch weiterhin bedeutende Unterschiede in den Ansichten beider Gruppen. Welche der folgenden Aussagen sind eher Keynesianern, welche eher den Monetaristen zuzuordnen? Begründen Sie Ihre Antwort.

a) Der private Sektor ist instabil.

b) Inflation ist ein rein monetäres Phänomen.

c) Die Geldmenge ist exogen steuerbar.

d) Expansive Fiskalpolitik bewirkt immer einen Einkommensanstieg.

e) Der Staat soll sich jeder diskretionären Wirtschaftspolitik enthalten.

f) Die Geldhaltung hängt vom Zins ab.

**Aufgabe 10:**
Aufgrund einer Krise am Weltmarkt kommt es zu einem starken Einbruch der gesamtwirtschaftlichen Güternachfrage. Die Regierung befürchtet dadurch einen Rückgang der Beschäftigung und beauftragt zwei unabhängige Wirtschaftsberater, ein Gutachten zu erstellen. Es soll geklärt werden, welche wirtschaftspolitischen Maßnahmen ergriffen werden müssen, um den befürchteten Beschäftigungsrückgang zu vermeiden. Stellen Sie folgende Handlungsanweisungen der Wirtschaftsberater graphisch dar und erläutern Sie die unterstellten Annahmen. Welche makroökonomischen "Schulen" vertreten die Wirtschaftsberater?

a) Berater A behauptet, die einzige Möglichkeit, einen sicheren Beschäftigungsrückgang zu vermeiden, sei eine Erhöhung der staatlichen Nachfrage.

b) Berater B sieht keinen Handlungsbedarf der Regierung, da er keine negativen Effekte auf die Beschäftigung erwartet.

**Aufgabe 11:**
a) Erläutern Sie die Grundidee der Laffer-Kurve.

b) Wie kann man die Existenz der Laffer-Kurve mithilfe eines einfachen Arbeitsangebotsmodells begründen?

**Aufgabe 12:**
Im "Talk im Turm" diskutieren zwei Wirtschaftsexperten.

a) Experte A sagt: "Ein ausgeglichenes positives Zusatzbudget des Staates führt zwar zu Preissteigerungen, aber auch zu einer dauerhaften Erhöhung von Output und Beschäftigung."
Experte B sagt: "Nein! Ein *negatives* Zusatzbudget, der Abbau der Staatsaktivität und eine Steuersenkung führen zu Wachstum und mehr Beschäftigung."
Herr Böhme ist verwirrt und bittet Sie um eine Lösung des Problems. Machen Sie ihm ihre Antwort graphisch klar.

b) Auf den Vorschlag von Experte B entgegnet A, daß eine derartige Politik aufgrund der in Deutschland faktisch vorliegenden Mindestlöhne nicht zu einer Erhöhung, sondern vielmehr zu einer Verringerung von Output und Beschäftigung führen kann. (Die Mindestlohnproblematik hatte Herr A, um Herrn Böhme nicht weiter zu verwirren, bisher zur Vereinfachung aus seiner

Analyse herausgehalten.) Dagegen würde die keynesianische Politik selbst in einem Regime greifender Mindestlöhne wirksam sein. Erläutern Sie diese Argumente graphisch und verbal.

## 5.2 Lösungen

**Aufgabe 1:**

a) Die keynesianische Theorie geht von der Basishypothese aus, daß der private Sektor instabil ist; es können sich Ungleichgewichte aufgrund von konjunkturellen Schwankungen und exogenen Schocks ergeben. Staatliches Eingreifen durch Fiskalpolitik soll der antizyklischen Nachfragesteuerung dienen und Schwankungen glätten. Idealtypisch soll der Staat in einer Boomphase die Nachfrage dämpfen, indem er z.B. seine eigene Nachfrage reduziert oder die Steuern erhöht.

b)       <u>Abb. 5.2</u>: Restriktive Fiskalpolitik im IS/LM-Modell

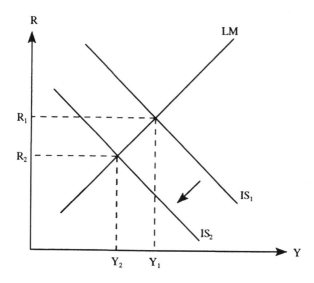

ine Verringerung der Staatsnachfrage und eine Erhöhung der Steuern verschiebt die IS-Kurve nach links von $IS_1$ nach $IS_2$. Das Gleichgewichtseinkommen und der Gleichgewichtszins sinken von $Y_1$ auf $Y_2$ bzw. von $R_1$ auf $R_2$. Die private Nachfrage hat sich wie folgt verändert:

- Der private Konsum sinkt aus zwei Gründen: Zum einen sinkt das verfügbare Einkommen wegen der Steuererhöhung und seinen Multiplikatorwirkungen. Zum anderen sinkt das Einkommen über den Multiplikatoreffekt der Staatsausgabenverringerung.
- Die Investitionen steigen, da der Gleichgewichtszins gesunken ist.

**Aufgabe 2:**

a) Mit Stagflation bezeichnet man den gleichzeitigen Anstieg der Arbeitslosigkeit und der Inflation (Widerspruch zur Phillipskurve).

b) Es bestehen sowohl Probleme bei der Anwendung keynesianischer Handlungsanweisungen als auch Mängel in der theoretischen Konzeption.

*Probleme bei der Anwendung keynesianischer Handlungsanweisungen:*
- Diagnose- und Lag-Problematik: Man unterscheidet hierbei zwischen dem Inside-Lag und dem Outside-Lag. Als *Inside-Lag* wird der Zeitraum zwischen dem Auftreten eines Schocks und der Reaktion darauf bezeichnet. Dieser Lag entsteht, weil die Wirtschaftspolitiker sowohl für das Erkennen eines Schocks als auch für das Einleiten angemessener wirtschaftspolitischer Maßnahmen Zeit benötigen. Als *Outside-Lag* bezeichnet man die Zeit zwischen dem Ergreifen einer wirtschaftspolitischen Maßnahme und ihrem Wirksamwerden. Beide Lags können dazu führen, daß eine antizyklisch ausgerichtete Wirtschaftspolitik prozyklisch wirken kann.
- Politische Mißbrauchsmöglichkeiten (Public-Choice-Argument): Wirtschaftspolitik wird von Politikern dazu verwendet, ihre Chancen der Wiederwahl zu erhöhen. Dies kann zu ökonomisch falschen Maßnahmen führen. (Siehe auch nächste Aufgabe.)
- Politiker sind in Boomphasen schwer davon zu überzeugen, antizyklische Haushaltspolitik durchzuführen.
- Staatliche Vollbeschäftigungspolitik entläßt die Tarifpartner aus der gesamtwirtschaftlichen Verantwortung: Erwarten die Tarifparteien, daß der Staat den Folgen zu hoher Tarifabschlüsse mit expansiver Fiskal-

politik entgegensteuert, besteht kein Anreiz, bei Tarifverhandlungen die wirtschaftlichen Konsequenzen zu berücksichtigen.
- Die langfristige Bedeutung der Freiheit von Geldillusion bzw. die Rolle der Erwartungsbildung wurden unterschätzt.

*Mängel der theoretischen Konzeption* (Modell spiegelt Wirklichkeit nur unvollständig wieder; Handlungsvorschriften können für die Realität falsch sein):
- Vernachlässigung der Angebotsseite (Strukturprobleme)
- Unterbeschäftigungsmodell: Es wird Mengenanpassung bei konstanten Preisen unterstellt. Die Problematik der Inflation und Reaktionen auf Preissteigerungen (Lohn-Preis-Spirale) werden nicht beachtet.

**Aufgabe 3:**

*Argumente für eine regelgebundene Wirtschaftspolitik:*
- *Public-Choice-Argumente*: Politiker können die Wirtschaftspolitik dazu verwenden, ihre Chancen der Wiederwahl zu erhöhen. Dazu betreiben sie vor der Wahl expansive Fiskalpolitik, um das Einkommen und die Beschäftigung zu erhöhen. Nach der Wahl wechseln sie dann zu einer restriktiven Politik, um die durch die expansive Fiskalpolitik erhöhte Inflationsrate wieder einzudämmen. Durch ein derartiges Verhalten der Politiker kann es zu sogenannten *politischen Konjunkturzyklen* kommen.
- *Zeitinkonsistenz:* In manchen Situationen kündigen Politiker eine Politikmaßnahme an, um die Erwartungen und damit das wirtschaftliche Verhalten der Wirtschaftssubjekte zu beeinflussen. Später könnten die Politiker versucht sein, ihre Ankündigung nicht zu verwirklichen.

*Argumente gegen eine regelgebundene Wirtschaftspolitik:*
- Einzelfallentscheidungen, d.h. die situationsbedingte Beurteilung der wirtschaftlichen Lage und die Wahl der angemessenen Maßnahmen sind im Vergleich zu einer regelgebundenen Politik flexibler.

**Aufgabe 4:**

a) Eine Rückführung der Staatsverschuldung setzt voraus, daß die Einnahmen
des Staates seine Ausgaben übersteigen, d.h. bei gegebenen Steuereinnahmen müssen die Staatsausgaben so weit verringert werden, daß sich ein
Budgetüberschuß ergibt. Im Preis-Output-Diagramm (Abb. 5.3) führt eine
derartige Fiskalpolitik bei gegebenem Preisniveau zu einer Linksverschiebung der gesamtwirtschaftlichen Nachfragekurve. Es entsteht ein Überschußangebot, das Preisniveau sinkt. Ob es zu einer Veränderung der Produktion und der Beschäftigung kommt, hängt davon ab, ob die Arbeitnehmer
korrekte Preiserwartungen haben und frei von Geldillusion sind. Unterliegen
die Arbeitnehmer der Geldillusion und/oder bilden sie falsche Preiserwartun-

Abb. 5.3: Effekte der Rückführung der Staatsverschuldung

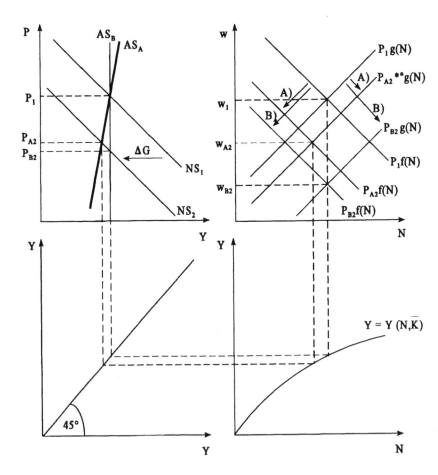

gen (Unterschätzung der Preisentwicklung, Fall A), sinken bei steigenden Reallöhnen Produktion und Beschäftigung. Bilden die Arbeitnehmer korrekte Preiserwartungen und sind sie frei von Geldillusion (Fall B), hat die Rückführung der Staatsverschuldung keine Effekte auf Produktion und Beschäftigung. In dieser Situation kommt es zu keiner Veränderung des Reallohnniveaus.

b) Wie die Analyse der keynesianischen Wirtschaftspolitik gezeigt hat, kann ein Budgetdefizit bzw. -überschuß zur Stabilisierung der Wirtschaft beitragen. Beispielsweise stellt das Steuer- und Transfersystem einen automatischen Stabilisator dar. In einem wirtschaftlichen Aufschwung nimmt das Steueraufkommen regelmäßig zu, die staatlichen Transfers ab. Dagegen kommt es in einem Abschwung zu einer automatischen Verringerung des Steueraufkommens und zu einer Erhöhung der staatlichen Transfers. Bei einem Abschwung entsteht daher eine Tendenz des staatlichen Budgets zu einem Defizit. Wäre ein Budgetausgleich gesetzlich vorgeschrieben, könnte die Regierung in einem Abschwung zu einer Steuererhöhung gezwungen sein und würde damit die Konjunkturkrise verstärken. In einem Aufschwung müßte sie dagegen die Steuern senken und somit den Boom verstärken.

c) Ein Budgetdefizit erlaubt eine Verlagerung der Steuerlast von der derzeitigen auf die zukünftige Generation. Es können Situationen eintreten, wie beispielsweise die deutsche Wiedervereinigung, von deren Bewältigung auch zukünftige Generationen profitieren. Es wird argumentiert, daß es durchaus zu vertreten sei, die durch außergewöhnliche Ereignisse (z.B. die Deutsche Einheit) entstehenden Kosten zum Teil auf die zukünftigen Generationen zu verlagern. Auch werden viele Staatsinvestitionen von den Folgegenerationen genutzt (z.B. Schulen, Brücken, etc.).

**Aufgabe 5:**

a) *Wesentliche Zielrichtung der Angebotspolitik:*
Angebotspolitik ist jede Art von Wirtschaftspolitik, die versucht Wachstum bezüglich des angebotenen Outputs anzuregen (Rechtsverschiebung der $Y^A$-Kurve), d.h. (i) Kapitalstock und (ii) Arbeitsangebot sollen angeregt werden.

(i) *Anregung des Kapitalstockwachstums:*
- Durch niedrigere Einkommenssteuersätze soll· die private Ersparnisbildung gefördert werden.
- Durch verbesserte Abschreibungsmöglichkeiten sollen die Unternehmen zu höheren Investitionen angeregt werden.

(ii) *Erhöhung des Arbeitsangebots:*
- Verringerte Grenzsteuerbelastung des Arbeitseinkommens soll zu Mehrarbeit führen (Quantitätseffekt). Die Leistungsbereitschaft der Arbeitnehmer steigt (Qualitätseffekt).
- Verbesserung der Qualität des Arbeitsangebots über Humankapitalinvestitionen (z.B. Weiterbildungsmaßnahmen).

Diese Maßnahmen sollen von (iii) Deregulierung, also dem Abbau von gesetzlichen oder institutionellen Hemmnissen im Wirtschaftsprozeß, begleitet werden.

b) Angebotsorientierte Maßnahmen im Aktionsprogramm der Bundesregierung:

zu (i):
- Abbau des Solidaritätszuschlags
- Reduzierung der Steuersätze und Rückkehr zum linear-progressiven Einkommenssteuertarif; Verbreiterung der Bemessungsgrundlage in der Einkommenssteuer.
- Förderung der privaten Vermögensbildung durch Ausweitung der Steuervorteile.
- Abschaffung der Gewerbekapitalsteuer und Absenkung der Gewerbeertragssteuer.
- Zeitlich begrenzte steuerliche Befreiung bei Unternehmensgründungen.

zu (ii):
- Verringerung der Grenzsteuersätze bei der Einkommensteuer (siehe (i)).
- Förderung neuer sozialversicherungspflichtiger Beschäftigungsverhältnisse im Bereich der familien- und haushaltsbezogenen Dienstleistungen.
- Unterstützung der Schaffung alternativer Arbeitsplätze im ländlichen Raum.

- Schaffung von Teilzeitarbeitsplätzen im öffentlichen Dienst.

zu (iii):
- Vereinfachung und Beschleunigung von Planungs- und Genehmigungsverfahren.
- Privatisierung öffentlicher Unternehmen.
- Berücksichtigung des administrativen Aufwands und der bürokratischen Belastungen von Haushalten und Unternehmen bei gesetzgeberischen Vorhaben.

c) Zielrichtung der angebotsorientierten Wirtschaftspolitik ist eine Erhöhung der gesamtwirtschaftlichen Produktionskapazitäten. Die Folge einer solchen Erhöhung ist eine Ausweitung von Beschäftigung und Output und eine Preisniveausenkung.

<u>Abb. 5.4</u>: Angebotsorientierte Wirtschaftspolitik

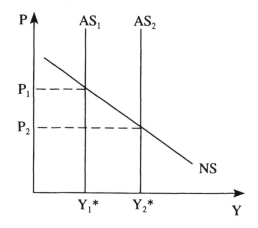

**Aufgabe 6:**

a) Es handelt sich um die *monetaristische Theorie*. Ausgangspunkt dieses Ansatzes ist die Quantitätsgleichung $M \cdot V = P \cdot Y$. Diese stellt zunächst lediglich eine Identitätsbeziehung dar, die aus der Definition für die Geldumlaufgeschwindigkeit entsteht. Die Menge des im Umlauf befindlichen Geldes multipliziert mit der Zahl der "Umläufe" muß dem Wert der ge-

handelten Güter entsprechen. Damit aus der Quantitätsgleichung eine Theorie wird, muß eine Verhaltensannahme getroffen werden.
- Monetaristen betrachten V als stabile bzw. kaum veränderliche und somit gut prognostizierbare Größe; näherungsweise kann V daher konstant gesetzt werden: $V = \bar{V}$ .
- Unter dieser Verhaltensannahme wird die Quantitätsgleichung zu: $M \cdot \bar{V} = P \cdot Y$ .

Schreibt man die Quantitätsgleichung in Wachstumsraten, so gilt:
$$\hat{P} = \hat{M} - \hat{Y}$$
Wenn die Geldmenge stärker als das reale Bruttoinlandsprodukt wächst, so kommt es zu Inflation. Inflation ist deshalb ein rein monetäres Phänomen.

b) Aus $M \cdot \bar{V} = P \cdot Y$ folgt $M/P = Y/\bar{V}$, die Geldmarktgleichgewichtsbedingung. Die Konstanz der Geldumlaufgeschwindigkeit impliziert also, daß die Geldnachfrage nur vom Einkommen abhängt. Es gibt genau ein Einkommen, bei dem der Geldmarkt bei gegebener realer Geldmenge im Gleichgewicht ist. Somit verläuft die LM-Kurve senkrecht.

Eine empirische Überprüfung kann durch Schätzung einer Geldnachfragefunktion in Abhängigkeit von Zins und Einkommen erfolgen. Wenn sich kein signifikanter Parameter für den Zinssatz ergibt, ist dies ein Indiz dafür, daß die Geldnachfrage zinsunelastisch ist.

c)    <u>Abb. 5.5</u>: Expansive Fiskalpolitik im monetaristischen Modell

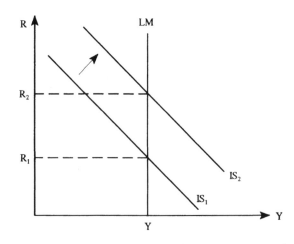

Das Gleichgewichtseinkommen teilt sich auf Konsumgüternachfrage, Investitionsgüternachfrage und Staatsnachfrage auf. Ohne Geldmengenänderung kann sich der Output (Y) nicht ändern. Deshalb folgt aus einer Erhöhung der Staatsnachfrage eine Umverteilung zwischen den Investitionen I (R) und den Staatsausgaben G. Der Konsum C = C (Y) bleibt unverändert, da Y konstant ist. Die Umverteilung über den Zins erfolgt so: Der Staat verkauft Wertpapiere, um die Staatsausgaben zu finanzieren. Dadurch steigt der Zins, die Investitionen gehen zurück. Der Zins steigt so weit, bis die Investitionen genau in Höhe der zusätzlichen Staatsnachfrage verdrängt werden, d.h. es findet ein perfektes Crowding-Out statt. (Die Geldhaltung der Wirtschaftssubjekte ist hier unabhängig vom Zins, sie bleibt deshalb gleich.)

**Aufgabe 7:**

a) Nach der Quantitätstheorie gilt $M \cdot V = P \cdot Y$. Für die Kapazitätsauslastung gilt $KAP = Y / Y^P$, mit dem potentiellen Output $Y^P$. Transformiert man diese Beziehungen in Wachstumsraten, so gilt:

$$\hat{M} + \hat{V} = \hat{P} + \hat{Y}$$

$$\hat{KAP} = \hat{Y} - \hat{Y}^P$$

Unter der Annahme, daß die Umlaufgeschwindigkeit sich nicht verändert und die Kapazitätsauslastung langfristig konstant ist, folgt hieraus, daß die Bundesbank die Geldmenge langfristig nur in dem Maße ansteigen lassen darf, wie das potentielle reale Outputniveau wächst. In diesem Fall ist gewährleistet, daß die Inflationsrate Null ist.

b) Nein, weder Zielvorgabe noch tatsächliche Geldmengenentwicklung verläuft parallel zum Potentialwachstum.

c) Auswirkungen einer geld- bzw. zinsstabilisierenden Politik der Zentralbank: Eine Erhöhung der staatlichen Nachfrage bedeutet eine Rechtsverschiebung der IS-Kurve (von $IS_1$ auf $IS_2$). Das Gleichgewichtseinkommen steigt in jedem Fall.

Bei einer geldmengenstabilisierenden Politik der Zentralbank kommt es

zu keiner Reaktion auf die expansive Fiskalpolitik. Die Geldmenge wird
nicht verändert, die LM Kurve verschiebt sich nicht ($LM_{1,2}$). Es kommt zu
einem Crowding-Out; das Zinsniveau steigt von $R_1$ auf $R_2$.

Bei einer zinsstabilisierenden Geldpolitik will die Zentralbank den durch
die expansive Fiskalpolitik gestiegenen Zins wieder auf $R_{1,3}$ senken. Dies
kann die Zentralbank durch eine expansive Geldpolitik erreichen. (Die LM-
Kurve verschiebt sich nach rechts zu $LM_3$.) Ökonomisch gesehen stellt die
Zentralbank diejenige Geldmenge bereit, die die Wirtschaftssubjekte aufgrund der Einkommenserhöhung (Multiplikatorprozeß) mehr nachfragen. Es
kommt somit zu keinem Wertpapierangebotsüberschuß und dem dadurch
induzierten Zinsanstieg, der eine Verdrängung der privaten Investitionen zur
Folge hätte. Die Zentralbank stellt also genau so viel Geld zur Verfügung,
daß es zu keinem Crowding-out-Effekt kommt.

Abb. 5.6: Geldmengen- und zinsstabilisierende Geldpolitik bei expansiver
              Fiskalpolitik

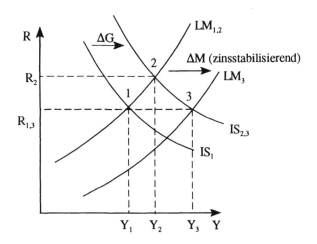

**Aufgabe 8:**

Ob eine zinsfixierende Geldpolitik Konjunkturschwankungen vermeiden kann,
hängt von deren Ursache ab. Nur wenn die Konjunkturschwankungen auf
Veränderungen der Geldnachfrage der Wirtschaftssubjekte zurückzuführen
sind, ist die Aussage korrekt.

Abb. 5.7 verdeutlicht den Sachverhalt für den Fall, daß die Konjunktur-
schwankung auf eine gestiegene Liquiditätspräferenz der Wirtschaftssubjekte
zurückzuführen ist. Bei gegebenem Geldangebot führt die gestiegene Liquiditätspräferenz der Wirtschaftssubjekte zu einer Linksverschiebung der LM-
Kurve von $LM_1$ zu $LM_2$ und der Zinssatz steigt von $R_1$ auf $R_2$. Liegt das
geldpolitische Ziel der Zentralbank in der Fixierung des Zinsniveaus bei $R_1$, so
reagiert sie auf die gestiegene Liquiditätspräferenz der Wirtschaftssubjekte mit
expansiver Geldpolitik, so daß sich die LM-Kurve wieder in ihre ursprüngliche
Lage zurückverschiebt. Würde die Zentralbank hingegen eine geldmengenstabilisierende Politik verfolgen, würde sie auf die veränderte Liquiditätspräferenz der Wirtschaftssubjekte nicht reagieren und der Output würde von
$Y_1$ auf $Y_2$ sinken.

Sind die Konjunkturschwankungen hingegen auf Störungen der Nachfrage
der Wirtschaftssubjekte zurückzuführen, ist eine zinsfixierende Geldpolitik
nicht geeignet, diese Schwankungen zu vermeiden. In Abb. 5.8 wird eine Situation dargestellt, in der es aufgrund einer exogenen Störung zu einem Rückgang
der privaten Konsumnachfrage kommt. (Die IS-Kurve verschiebt sich von $IS_1$
auf $IS_2$.) Durch den Rückgang der privaten Konsumnachfrage sinkt der Zinssatz von $R_1$ auf $R_2$. Liegt das geldpolitische Ziel der Zentralbank in der Stabilisierung des Zinsniveaus bei $R_1$, reagiert sie auf die Störung mit einer restriktiven Geldpolitik. (Die LM-Kurve verschiebt sich von $LM_1$ auf $LM_2$.) Abb. 5.8
läßt erkennen, daß in diesem Fall die Geldpolitik den negativen Effekt der

Abb. 5.7: Geldpolitik bei gestiegener Liquiditätspräferenz

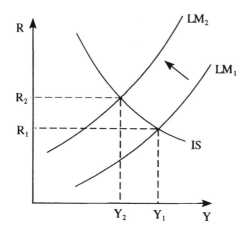

Abb. 5.8: Geldpolitik bei Rückgang der Konsumnachfrage

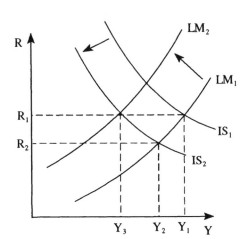

Nachfragestörung noch verstärken würde. Der Output sinkt auf $Y_3$. Bei einer geldmengenstabilisierenden Politik hingegen würde die Zentralbank auf die Nachfragestörung nicht reagieren. Der Output sinkt nur von $Y_1$ auf $Y_2$.

**Aufgabe 9:**

a) Dies ist eine der Grundannahmen von Keynes. Sie resultiert aus der historischen Erfahrung in der Weltwirtschaftskrise.

b) Monetaristischer Standpunkt, der sich aus der Quantitätstheorie ergibt.

c) Monetaristisch. Dies ist eine Voraussetzung für Geldpolitik nach der Quantitätstheorie.

d) Keynesianisch. Gilt insbesondere in der Liquiditätsfalle, in der nur Fiskalpolitik wirksam ist, nicht aber Geldpolitik.

e) Monetaristisch. Diese Theorie stellt auf die Stetigkeit und Vorhersehbarkeit der Wirtschaftspolitik ab.

f) Keynesianisch. Die keynesianische Geldnachfragefunktion ist aufgrund des Spekulationskassenmotivs vom Zins abhängig.

## Aufgabe 10:

a) Berater A ist ein Keynesianer. Er unterstellt Geldillusion der Arbeitnehmer bzw. falsche Preiserwartungen. Die gesamtwirtschaftliche Angebotskurve im (P, Y)-Diagramm ist positiv geneigt (Abb. 5.9). Der Nachfrageeinbruch bewirkt eine Verschiebung der gesamtwirtschaftlichen Nachfragekurve nach links, das Preisniveau fällt. Dies hat zur Folge, daß der Reallohn steigt: Die Arbeitsnachfragekurve verschiebt sich bei konstantem Nominallohn nach

Abb. 5.9: Keynesianische Sicht der Wirtschaftspolitik im (P, Y)-Diagramm

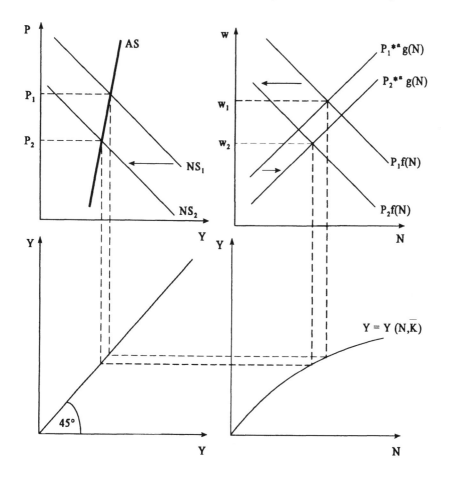

links. Aufgrund der Geldillusion bemerken die Arbeitnehmer nicht, daß ihr Reallohn gestiegen ist: Die Arbeitsangebotskurve verschiebt sich um weniger nach rechts, so daß es auf dem Arbeitsmarkt zu einer niedrigeren Beschäftigung kommt. Die Befürchtungen sind somit gerechtfertigt und eine expansive Fiskalpolitik ist geeignet, die Beschäftigung wieder auf das alte Niveau zu bringen.

b) Berater B ist Angebotstheoretiker. Er unterstellt Freiheit von Geldillusion und langfristig (im Durchschnitt) richtige Preiserwartungen. Die gesamtwirtschaftliche Angebotskurve ist senkrecht (Abb. 5.10). Der Nachfrageeinbruch bewirkt nur einen Rückgang des Preisniveaus und des Nominallohns im selben prozentualen Ausmaß. Reallohn, Einkommen und Beschäftigung

Abb. 5.10: Angebotstheoretische Sicht der Wirtschaftspolitik im (P, Y)-Diagramm

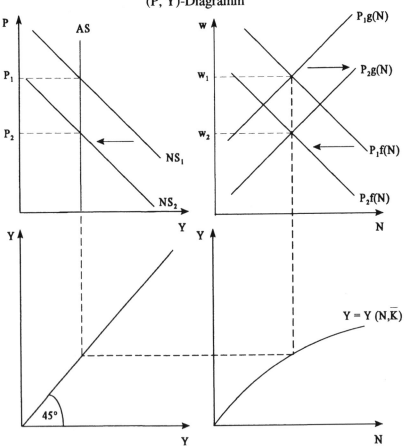

ändern sich nicht. Ein Handlungsbedarf besteht nicht.

**Aufgabe 11:**

a) Die Laffer-Kurve stellt den Zusammenhang zwischen Steuersatz (t) und Steueraufkommen (T) dar. Sie besagt, daß das Steueraufkommen mit steigendem Steuersatz t bis zu einer kritischen Grenze $t_{krit}$ zunimmt. Ab dieser Grenze führt eine weitere Erhöhung des Steuersatzes zu einem Rückgang des Steueraufkommens.

Dies erklärt sich dadurch, daß ein steigender Steuersatz zu einem Rückgang der Leistungsbereitschaft und des Arbeitsangebots führen kann. Durch die abnehmende Arbeitsbereitschaft sinkt daher bei steigendem t das Einkommen, das Steueraufkommen nimmt aber bis zu einer kritischen Grenze $t_{krit}$ noch zu (Punkt A in Abb. 5.11). Ab dieser Grenze $t_{krit}$ nimmt das Steueraufkommen bei einer weiteren Erhöhung des Steuersatzes ab. Der Steuerausfall aus dem Einkommensrückgang übersteigt jetzt das zusätzliche Steueraufkommen aus der Erhöhung des Steuersatzes.

Abb. 5.11: Laffer-Kurve

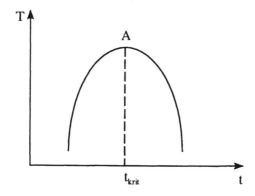

b) Die Steueraufkommensfunktion lautet

$$T = t\, Y = t\, w\, N,$$

mit Steueraufkommen T, Steuersatz t, Bruttolohn w und Arbeitsmenge N.
w sei exogen gegeben. Es gilt:

$$\frac{dT}{dt} = wN + tw\frac{dN}{dt} = Y + tw\frac{dN}{dt}$$

$$\frac{dT}{dt}\frac{t}{T} = \frac{Yt}{T} + tw\frac{dN}{dt}\frac{t}{T}\frac{N}{N} = 1 + \frac{dN}{dt}\frac{t}{N}\underbrace{\frac{N}{T}tw}_{=1}$$

$$= 1 + \underset{\ominus}{\frac{dN}{dt}\frac{t}{N}} \gtrless 0$$

Eine Steuersatzerhöhung senkt den Nettolohn und führt deshalb zu einer
Reduktion des Arbeitsangebots. Steuersatzsenkungen führen hingegen zu
steigendem Arbeitsangebot. Die Analyse zeigt, daß der kritische Punkt A in
Abb. 5.11 erreicht wird, sobald die Steuerelastizität des Arbeitsangebots den
Wert -1 erreicht. Ist sie kleiner als -1, so kommt es zum Rückgang des
Steueraufkommens.

**Aufgabe 12:**

a) Experte A geht von keynesianischen Bedingungen aus. Unvollkommene
Preiserwartungen bzw. Geldillusion der Arbeitnehmer führen zu einer positiv geneigten gesamtwirtschaftlichen Angebotskurve AS (Abb. 5.12). Ein
ausgeglichenes Zusatzbudget führt einerseits zu einer Rechtsverschiebung
der gesamtwirtschaftlichen Nachfragekurve NS. Die Erhöhung des Einkommensteuersatzes hat andererseits negative Auswirkungen auf das Arbeitsangebot, wodurch sich die gesamtwirtschaftliche Angebotskurve nach
links von $AS_1$ auf $AS_2$ verschiebt. In jedem Fall erhöht sich das Preisniveau. Ob Output und Beschäftigung steigen oder fallen, hängt davon ab, ob
sich die gesamtwirtschaftliche Nachfragekurve oder die gesamtwirtschaftliche Angebotskurve stärker verändert. Keynesianer gehen davon aus, daß der
positive Nachfrageeffekt größer ist als der negative Angebotseffekt, so daß
es zu der von A behaupteten Erhöhung von Output und Beschäftigung
kommt.

Abb. 5.12: Keynesianische Wirtschaftspolitik

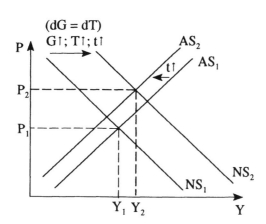

Experte B ist dagegen ein Vertreter der neuen neoklassischen Makro
ökonomie (angebotsorientierte Wirtschaftspolitik). Da er von rationalen
Erwartungen und Freiheit von Geldillusion ausgeht (die gesamtwirtschaftliche Angebotskurve AS verläuft senkrecht, wie in Abb. 5.13 dargestellt), hält
er expansive Nachfragepolitik für sinnlos, da sie lediglich zu Preisniveausteigerungen ohne Output- und Beschäftigungswirkungen führt. Wachs-
tumspolitik kann für ihn daher nur von der Angebotsseite durch eine Verschiebung der AS-Kurve durchgeführt werden. Deshalb plädiert er für eine

Abb. 5.13: Angebotsorientierte Wirtschaftspolitik

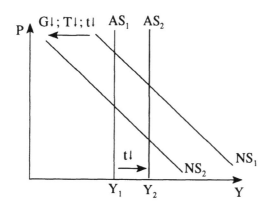

Senkung von Steuern und Abgaben, um die Leistungsbereitschaft und die Produktivität zu steigern. Dem Staat stehen dann weniger finanzielle Mittel zur Verfügung. Der dadurch notwendige Abbau der Staatsaktivität führt zwar insgesamt (Nettoeffekt der Steuer- und Abgabenreduktion und der Abbau der Staatsausgaben) zu einer Linksverschiebung der gesamtwirtschaftlichen Nachfragekurve NS, hat jedoch keine negativen Auswirkungen auf Output und Beschäftigung. Durch die Anreizwirkung der Steuersenkung auf das Arbeitsangebot kommt es zur Rechtsverlagerung der gesamtwirtschaftlichen Angebotskurve AS und damit zu einer Outputerhöhung und einer weiteren Preisniveausenkung.

b) Im Gegensatz zu Teilaufgabe a) werden in der Analyse nun Mindestlöhne berücksichtigt. (Zur Vereinfachung wird unterstellt, daß die Steuersenkung keinen Einfluß auf die Lage der Produktionsfunktion hat. Motivationsbedingte Effekte der Steuersenkung werden damit vernachlässigt.) Aufgrund der Mindestlöhne liegt eine geknickte gesamtwirtschaftliche Angebotsfunktion vor (Abb. 5.14). Befindet sich die Volkswirtschaft im Bereich der Mindestlöhne und damit im Bereich des aufsteigenden Astes der gesamtwirtschaftlichen Angebotsfunktion, führt die von Experte B vorgeschlagene Senkung der Staatsaktivität und der Steuern zu einer Verringerung des

Abb. 5.14: Angebotspolitik bei Mindestlöhnen

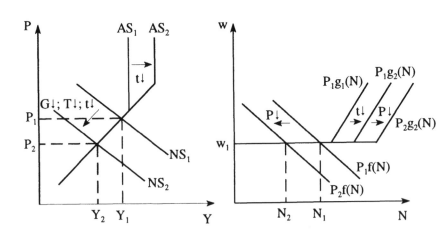

Outputs, der Beschäftigung und des Preisniveaus. Aufgrund der Mindestlöhne führt die Steuersenkung in dieser Situation zu keiner Ausweitung des Arbeitsangebots. Im Bereich der Mindestlöhne verschiebt sich die Arbeitsangebotskurve und damit auch die gesamtwirtschaftliche Angebotskurve in sich selbst.

Der Politikvorschlag von Experte A würde in dieser Situation hingegen zu einer Erhöhung des Outputs und der Beschäftigung führen (Abb. 5.15).

Abb. 5.15: Keynesianische Politik bei Mindestlöhnen

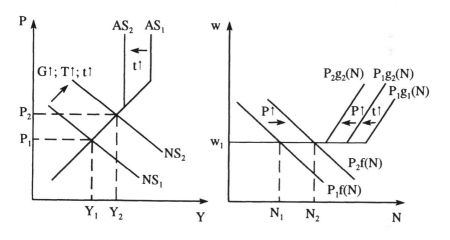